被迫一戰

台灣準備好了嗎？

台海戰爭的政治分析

范疇——著

目次

第二部　台灣如何破除對應戰的心理障礙

第三部　台灣準備好了嗎？懼戰、避戰、備戰、作戰

第四部　關於戰後

前言

◎台灣就是戲中人，不能再輕佻看戲了！

二〇一三年，我判斷習近平將打破中共黨內規矩、試圖連續執政二十年。二〇一五年將此判斷首度公諸於世（收錄於《與習近平聊聊台灣和中國》一書），當時少人相信；二〇一八年，事情成真了。

二〇一五年，我判斷二〇一八至二〇二二年這時段，將是台灣決定自己命運的最後機會期。很少人認真對待。而今二〇二一年，認真思考此命題的人多了起來。

二〇一六年，我判斷世界、至少西方，將普遍認知到「中共不等於中國」這事實，還是少人信，二〇二〇年美國白宮帶頭點出這事實，並形成政策，西方他國開始跟進。

二〇一八年底，我感知到「川普的白宮將向台灣借名片」，連續寫了四、五篇文章分析利弊，聽進去者將信將疑，聽不進去者斥為天方夜譚。現在，繼任的拜登白宮繼承了這大戰略，並且動作頻頻。

二〇一九年下半年出版的上一本書，《2022：台灣最後的機會窗口》，談的是台灣對自己命運做抉擇的最後時機——二〇二二年。該書中分析了中共對台作戰的可能性，但並沒有進一步判斷時間段。因為那時，台灣總統尚待大選，美國總統尚待大選，習近平終生掌權的態勢還不明朗。

不過才二十個月，不到兩年，世局劇變：

（一）來路不明、爆發於中國武漢的病毒，瞬間肆虐全球，各國末日感驟升；

（二）前病毒時期就早已醞釀成形的金融信用超發危機，加上病毒對全球供應鏈的破壞效應可能持續至二〇二五年，世界經濟踏入了無地圖的時代；

(三)中共單方撕毀國際協議、香港五十年不變的《中英聯合聲明》，美國對中共制裁升溫，脫鉤中共態勢明顯；中共方面也做出了許多主動脫鉤的姿態；

(四)中共完全不再隱瞞擴張主義，三百六十度擴軍，以戰狼外交逼迫歐非中小國家選邊，展開決戰亞洲的布局；但同時，中共對其治下人民的壓制手段，直逼文革、新疆集中營化、在一線城市(如上海)嘗試新疆式網格化管制，擺出與西方玉石俱焚、「攪炒」美國的架勢；

(五)習近平的用人圈子越來越窄，鬥爭手段越來越狠，一切動作劍指二〇二二年的中共二十大的保權保位；

綜上所述，我認為第三次世界大戰其實已經於二〇二〇年開打，只是沒有硝煙。倘若演變為有硝煙的戰爭，那就是第四次世界大戰。一戰到二戰之間隔了二十五年，但在今日「流動性時代」(詳見本書)的特性下，如果不能在無硝煙的「三戰」中分出勝負，熱戰的「四戰」不會那麼遠。許多人在說美共之間進入「冷戰」，我個人完全不同意這個比喻；因為今天人類所處的科技、通訊、金融、資源、人心等種種環境，已經使得過去美蘇之間那種磨磨蹭蹭的冷戰變得不可能。更關鍵的原因是，中共（尤其是習近平）心裡雪亮，知道蘇共是怎麼死的。時間在光亮的這一面，而不在暗黑的那一面。對暗黑方來說，有問題就該上，沒有問題創造問題也要上。因為，一旦透露了意圖及行蹤，就沒有時間再磨蹭了。

同樣地綜上所述，二〇二二年前後將是近代史上的一個關鍵分水嶺時段。只是，日後歷史學者會稱其為「希特勒時刻」還是「張伯倫時刻」還是「邱吉爾時刻」還是「慈禧時刻」，眼下還不得知。眼下可判定的是，過去三十年西方所期待的中共「哥巴契夫時刻」已經無指望了。

台灣的地緣戰略位置重要，但遠比台灣人過去所意識到的更重要。「得台灣者得天下」已逐步成為世界共識。在這種分量下，當下的台灣海峽之戰略意義就如一九三六年之前的萊茵河，台灣本島之戰略意義就如一九四一年之前的珍珠港。

台灣是決定地球未來至少二十年大格局的兵家必爭之地。一年以來，全世界主要國家都持續在跟蹤、關注台灣的戰情，也都跳出了「就台灣論台灣」甚至「就中國威脅論台灣」的格局，而進入了「就世界論台灣」的宏大視野。在大視野下，伊朗在波斯灣的動作與台海戰情有關，普丁是否開打烏克蘭也會牽動台海局勢。奇妙的是，當全球各國都把台灣戰情視為切身議題時，最不願意面對台灣戰情真實面貌的國家是哪一個？答案是台灣。

台灣社會陷入桃花源心態、不問世事之狀態久矣！避戰與懼戰之情，遠遠大於備戰與作戰之勇！若以客觀意識的角度分析，這是台灣長期被中共隔絕於國際的直接後果。但也可用主觀潛意識的角度來分析，視為一種四百年來老是作為別人的「基地人民」的文化特性之反映。

迴避現實、逆來順受、短視近利、通過心靈雞湯消災解難，這就是「基地文化」的特性。人民自主這件事，到了台灣就好像僅止於投票遊行，義憤僅止於嘴砲，抗爭僅止於掃把。

而今，戰火逼近。西方軍界，不分歐美，紛紛警告，中共武力攻台就落在六、七年之內。台灣社會，有些緊張，但多數人的內心反應似乎是：還有六年啊！七年後的事誰知道？天塌下來有高人頂著。或是，乾脆無奈地兩手一攤，「來了不過是換一面旗子，我能怎麼樣」。

台灣人還在看戲！這個國家的人好像有特異功能，總能靈魂出竅地看戲、評戲，哪怕戲中人就是自己。西方軍界評估風險在六、七年，那是因為西方受限於方法學，老是用對外「軍力」的數量、噸位、性能作為評估的標準，而遠遠低估了中共內部鬥爭激烈性對政治決定的影響力。這些嬰兒潮世代才出生的西方將領、學者，犯了歷史健忘症；不論希特勒還是慈禧太后，啟戰、宣戰的動機都來自國內政治壓力，而不來自軍力對比的加減乘除。

在此呼籲台灣政府、新聞輿論界，切勿陷溺於亞洲矽谷、防疫有成之喜，而迴避必須備戰之憂。無論是希特勒或慈禧，「無恃其不來，恃吾有以待之；無恃其不攻，恃吾有所不可攻也」。

這本書不是一本軍事分析著作，而是一本建構對「台海戰爭的認知框架」的書；或者說，一本對台海戰爭的政治環境分析之書，內容牽涉到對台海戰爭的外部政治處境，也牽涉到台灣的國內政治生態及人心的誤區。

◎直視戰爭、討論戰爭，台灣社會必須修的一門課

這本書以戰爭議題為主軸，但我個人的世界觀，從來不以戰爭為主軸，而且我也認為，台灣作為一個國家，也不應該以戰爭的思維應對世界大局。

然而，還是得談戰爭，甚至直視戰爭。道理再簡單不過。我並不相信自己明天在路上就會被車撞死，但是我還是會買一張包含意外險的保單。即使你從來不屑買日常意外險，你出國旅行時還是會買意外險，或者選擇用信用卡買機票，因為信用卡購票都包含意外險。買意外險，甚至僅僅是買保險的意識，其實就透露出了一種你面對「死亡」這個不愉快概念的態度，是不是這樣的呢？

同樣，直視戰爭、討論戰爭，雖然不愉快，但也是台灣社會必須修的一門課。完全迴避它，相信它百分之一百絕對不會發生在你身上，那就有點像——抱歉地說——坐飛機、坐火車前不買保險一樣。還有些人，對那些坐飛機、坐火車一定先買保險的朋友嗤之以鼻。對於這人群，我只能說，您若對本書還看得下去，那就湊合地翻閱翻閱吧，若能看到一、兩個重點，則對作者已是萬幸。

即使是極端相信運氣的人，在買汽車前多少也會試圖了解一下這輛車的安全功能，在買房子前會去了解一下這個房子的材料和結構強度，在買股票前也會打探一下這家公司的底子。我假設你已經「買」了台灣這個國家作為你本人甚至後代的「座車」或「房子」，那麼，你難道不買車險或者火險？

台灣在國際的政治處境和在東亞的戰火處境，相信你已有所感知。直接了當地說，台灣沒有不直視戰爭、討論戰爭的餘地。過去幾十年台灣一般人可以在毫無戰爭意識下進行小確幸和各種心靈雞湯的活動，那是撿到的幸福。對於過去的幸福要懂得感恩，但是對未來的幸福要懂得世界上沒有「打包票」這件事。

台灣這個國家、台灣這個社會、你我這個人，是到了「轉大人」的時候了。意思就是：自己該做、自己能做的事，趕快去把它做好；自己無法控制的環境之事，趕快去買保險。

讓我們一起來買戰爭保險，即使行動上不買，心理上也得買。

本書將順著以下結構，敘述我對「戰爭與台灣」這件事的觀察：

前言：台灣就是戲中人，不能再輕佻看戲了！
　直視戰爭、討論戰爭，台灣社會必須修的一門課
第一部：台海戰爭的認知框架
第二部：台灣對應戰的心理障礙及破除（主體性、國家認同、國民意志）
第三部：台灣準備好了嗎？（懼戰、避戰、備戰、作戰）
第四部：後中共一黨專政的中國
附錄

在後記中，我談的是「後中共一黨專政的中國」。因為我判斷，倘若中南海決定啟動台海戰爭，無論勝負，結果一定是帶來一個「後中共一黨專政的中國」。由於未來數千年，現在我們稱為「中國」的那個大陸塊，與台灣的地緣鄰近關係都不會改變；台灣不可能往東移動一千公里，「中國」大陸塊也不可能向西移動一千公里。這種地緣關係是死的，因而台灣有一個地球級別的負擔及責任：揪出方塊字（中國稱為漢字）文化中的那隻幽靈。

此乃前言。如同我過去的八本書，本書中含有許多另類思考及角度，需要讀者的某些換腦理解。

范疇

台灣／台北

二〇二一年四月

第一部

台海戰爭的認知框架

一、台海戰情大哉問，你可能有的判別誤區

嚴肅的台海、南海、東海軍事作戰分析，全世界已經有許多，但可惜多半是英文，絕大多數台灣讀者接觸不到原文，只能依賴二手傳播。在台灣，一旦「二手」，幾乎就代表了「斷章取義」甚至直接扭曲。由於「語言國力」的低落，台灣至少在可預見的將來，對台海戰情難以形成具有國際格局的共識，也勢必難以擺脫中共通過方塊文字（中國稱為漢字）、華語語系的統戰擺弄。

這裡我僅列出多數讀者腦中所想、但不見得願意真實面對的疑問，還有台灣社會在思索台海戰情時的種種誤區。雖然不敢說全面，但我試圖羅列出讀者最關心的問題，以及一句話的回答：

（一）中共最怕什麼？

短期最怕麻六甲海峽被管制，因為中國百分之八十的資源依賴此海峽；長期最怕西方通過和平演變削弱其一黨專政的合理性（而台灣正是此西方戰略的核心角色）；

（二）日本最怕什麼？

台灣東岸被中共建立核子潛艇基地。台灣東岸是斷崖，水深一千公尺，可直通地球最深海溝馬里亞納（深八千公尺），而該海溝北端就貼著日本本島；

（三）美國最怕什麼？

短期最怕中共及其盟國切斷其海權咽喉如巴拿馬、波斯灣、蘇伊士、麻六甲、南海、台海、東海；長期最怕中共輸出其數位極權統治系統，形成新型的地球獨裁國家聯盟；

（四）歐洲最怕什麼？

中共獨裁聯盟形成氣候，致使歐盟變成無關緊要的一方；

（五）Quad（由美、日、澳、印度組成的四邊安全對話）力量能否圍堵中國？
即使在南海成功圍堵住中共，不等於台海就無戰事；
（六）單單控制台海，失去南海，對共軍有意義嗎？
沒有意義。因為對中共，南海是咽喉，台海只是支氣管；
（七）台海戰爭是否一定帶來世界大戰？
若戰爭僅限於台海，那將是有限戰爭；若占領台灣，則世界大戰是高機率事件，因為得台灣者得亞洲，得亞洲者得天下；
（八）還有沒有任何可能避免台海戰爭？
政治空間還是有的，但台灣向中共屈從絕不在其列；
（九）武力攻台分階段？
大局下，蠶食絕非兵家之道；但若中共採取首戰即決戰路數，習近平將成慈禧，大共朝落入大清朝命運。

以下羅列台灣社會當下對台海戰情的心理誤區：

（一）戰爭是政治決定，不是軍事決定；單單對比武器的數量及噸位，乃外行人思維；

（二）把「中共」當成一個整體，不知其派系鬥爭對作戰決定之影響何在；

（三）戰爭靠財力，台灣中了中共大外宣之毒，忽視了中國經濟之脆弱性；

（四）最廉價的戰勝是挑起台灣內亂；內亂靠分裂，當前中共統戰的精髓在傳播「美國不可靠、台灣不堪一擊」；

（五）習慣以台灣本位看台海戰情，忘了以世界大局看台海戰情；

（六）二分法辯論：將戰情簡化為美國（日本）會參戰或不會參戰；這種二分法帶來台灣社會判斷力的喪失；

（七）混淆有限戰爭、登陸戰爭。二者在軍事上是兩回事，所牽涉到的戰力、戰略、戰術以及政治後果完全不同；

（八）台海寬一百公里，是英吉利海峽的四倍，台灣可被擊敗，但難以占領，台灣長期低估了中共製造台灣內亂的能力以及已經存在的部署（台灣內部第五縱隊、帶路黨是關鍵），因此對民防、心防、資安的政策比起遙遠的澳洲還不如；

（九）中共會以飽和式飛彈攻擊拿下台灣——這是對戰爭歷史不熟悉所致的恐懼；即使如美國，對伊拉克、南斯拉夫的飽和式轟炸也僅收效甚微；台灣民眾不明戰理而以訛傳訛，乃中共心戰的天賜禮物，也是台灣國內第五縱隊、白區黨的最佳切入點；

（十）以「台灣本位」看國際事態，低估了西方人對中共本質的無知；任何國家都是以自己國家的利益為出發點，西方世界對中共本質的徹底了解還有一段距離，台灣不能因小成而自嗨（完整道理請見本書有關「台灣學」部分）。

（十一）低估了極權的任性，台灣人看過最極權的不過是蔣介石；蔣介石比起毛澤東柔和一百倍，習近平的極權任性可能超過毛。中共越走向極權，對戰爭一事的理性判斷就越無效，任性啟戰的可能就越高。

以上僅是大要，完整論述散在本書各章節中。

二、作為兵家必爭之地的台灣

▼倘若「兵家必爭之地」的時刻到來？

我今天是抱著無比沉痛的心情寫下這篇文章的。多年來，我嘗試由各種角度點醒台灣社會，有時用分析，有時用比喻來開腦洞，有時用幽默，有時用諷刺，偶爾用斥責。但時勢演變至今，恐怕只有沉痛的手術刀，才或者足以喚醒沉睡的平民和裝睡的菁英。而且，這還只是或者。

熟悉我的讀者知道，我採用的議題幾乎無所不包，從世界大局到台灣內部的茶壺風波到抽象的理論話題，用意無非希望不同背景、層次的讀者能夠從自己關心的事件中感知到同一件事：台灣的安全固然可試圖部分靠他國，但台灣的主體性（國格）及安全只能靠自己，並且得付出一定的代價，天下沒有白吃的午餐；自己僥倖輕佻以世外桃源心態麻醉自己、基於舊情綿綿和舊恨綿綿式樣的內鬥，台灣不會產生主體性，安全也得不到保障。主體性缺失的台灣，不管在哪個國號下，在國際現實政治中，台灣終究只會剩下一個價值：地緣因素下的兵家必爭之地。

現在，兵家必爭之地的時刻，已經山雨欲來風滿樓。而沉睡的平民還無知無感，裝睡的菁英以為自己已經做好求全準備。但是，這篇文章的用意並不在你是「平民」還是「菁英」，因為那一點都不重要，關鍵在「睡」這個字，不管你是在沉睡還是裝睡，迅雷來時都是不及掩耳的。

「睡」的涵義，包括以下九條。由於每一條在本書中都有大量相關的文章，此處僅作條列，關心的人麻煩請自行往下閱讀了。

（一）所謂「兵家必爭之地」，就是只要是「兵家」就必須置你於控制之下；中共是兵家，美國是兵家，日本也是兵家。至於俄國、歐盟雖然地理上離台灣較遠，但是如果局勢擴散到全球，他們也是兵家。

（二）對兵家必爭之地的自保，是需要自己人流血的，這點，可參照本書隨後的兩節：〈戰不戰？一個保證破壞氣氛的問題〉，及〈美國何時會出兵攻打台灣？〉。

（三）台灣以貿易為生，雖然近十年社會價值快速轉向人文，但是大多數人（尤其是「菁英」）腦子裡的第一價值還是「錢」，有錢賺就歡，無錢賺就悲。這由近期美共交惡，整個台灣社會、企業界、政府最常問的問題是「台灣進出口得利還是損利」、「股市會漲還是會跌」可證。

（四）在對世界歷史知識了解極其有限的情況下，台灣一律假設「神山」可以「護國」，這是完全不理解何謂「兵家必爭之地」意思的錯誤邏輯。只要往前回顧一百二十年，就可知道，歐洲、俄國、日本的種種「經濟神山」不但不護國，反是兵家首要之地。二戰時期台灣是日本領土，所有台灣島上日軍工業基礎全遭重點轟炸，台北列入原子彈投彈名單。

（五）偏綠或偏獨人士，以為只要台灣國獨立了，就可從此過太平日子。偏藍或偏統人士，以為只要討好中共，台灣就可維持現狀。還有一部分人，以為只要不得罪中共，台灣就無「兵家」危機，這是對「兵家」概念的無知（請再咀嚼上面第一條）。

（六）台灣社會，幾乎完全看不懂二〇二〇美國大選對世界大局的意涵及後果。部分人當大戲看，部分人鼓吹暗示美國民主也沒什麼了不起，部分人相信川普勝出對保台比較有利，部分人認為美國制裁圍堵中共已經是兩黨共識、誰當總統都一樣。只有極少數人意識到兩點：（1）這次是美國對自身「國格」的一次重新定義；（2）這是美國決定是否對中共展開決戰的歷史節點。

（七）偏藍偏共人士，暗地希望並鼓吹「中國專制模式」終將擊敗「美國治理模式」，偏綠偏美人士則相反。然而雙邊都「桃花源式」地兩眼一閉，避想必然發生的後果：無論是以上哪種情況，其必定產生大量土石流，而首當其衝的就是台灣。政、商、媒、學各界，無人敢談、願談「土石流備災、防災、救災」之A計劃、B計劃……

（八）最有實務能力的軍方，也因為擔心「政治不正確」而避免提及「土石流」議題。我在幾場對軍方的演講中都追問一個問題：疫情侵台時，衛福部有「陳時中」，審時度勢地面對人民，有節有度地應付社會情緒，請問國防部的「陳時中」在哪裡？疫情侵台時要提醒人民洗手戴口罩保持社交距離，那請問若戰情逼台時，人民要做什麼？

（九）二〇一八年我寫下「五個算總帳的日子即將到來」，並提出「不掉隊、不插隊、除肉桶、固社區」作為應對方針。其中，「不掉隊、不插隊」政府做到了，但「除肉桶」乏善可陳，甚至出現倒退。當下，關鍵在「固社區」——儘速加強民間社區的自保意識及能力。我很清楚國防部已在默默地後備動員，但我恐怕那是不夠的。

以上幾刀，相信很痛，你可同意，也可不同意，就當鬧鐘吧。鬧醒了，若還有睡意，也可決定繼續睡。

▼「得台灣者得天下」，說此話者保台灣

當前態勢下，美、共之間發生一場決戰乃高機率事件。別誤會，戰爭是政治決定，目的是使對手失去抵抗意志，在現代科技下，不一定要血流成河、屍陳遍野。

美共決戰，各有各的政治理由。美國最怕的是，中國在共產黨的一黨專政、死不改變下，向世界輸出其日益精進的數位化極權系統；而中共最怕的是，其控制下的中國人民對美國或西式的民主生活產生嚮往，導致「和平演變」。一者之得逞，必是另一者之消亡，沒有妥協空間。

美共之間，目前還在打政治戰及經濟戰，若這兩項打不出結果，才會進入階段性的熱戰。政治上，美國已經如筆者於二〇一六年所預見，遵循「中共不等於中國」之大戰略原則，而共方則拚死舉起民族主義大旗，保護其轄區內「中共就是中國」的多年洗腦成果。經濟上，美方至今只打出科技制裁牌及關稅牌，真正的殺手——金融牌，當下還處於「傷敵一萬自損五千」的階段，等準備到「傷敵一萬自損一千」之時就會出手。

中共明明知道這是一段喘息時間，卻寧可不珍惜而更加耀武揚威、咄咄逼人。這違

反政治邏輯的現象，只能有一種解釋：習近平知道，（不論什麼原因）他自己撐不了太久了，不在民族主義下挑起國際事端就難以保權保身了。他的心態及招數，極可能帶來以下兩種後果之一：迫使美國提早打出足以致中共於死地的金融牌，或更糟的，導致台灣成為美中熱戰的導火線。

台灣由於地緣及政治歷史因素，成為美日同盟及共方的兵家必爭之地。地緣上，至少在十至二十年間，核子二次打擊的威懾力最終落在載核潛艇上，若台灣東半部斷崖深海區被奪，相當於太平洋門戶洞開，不但美國從此永無寧日，日本會更驚惶，因為台灣東部數千公尺的深海直通日本東部邊緣、地球最深的馬里亞納海溝（Mariana Trench，深八千公尺），到那時核威懾日本，比威懾關島、夏威夷容易多了。

政治上，因為中共在國際間口口聲聲把拿下台灣作為民族成敗的標竿，並將美國塑造為此道路上的主要敵人，習近平若為保權而生事，只有台灣夠政治分量。另方面，美國若在威脅下棄台，就等於葬送了日、韓、南亞國家對美國的信心，也等於姿態上承認了整個亞洲都是中共的勢力範圍。

這種事態，拉長時間來看，就是「得台灣者得亞洲」。而隨著亞洲時代的來臨，說未來「得亞洲者得天下」並不為過。

兵家必爭之地的台灣，若對中共抱有期待，以為中共還把台灣視為一個談判的對手，那是幻想。但另一方面，若僅僅依賴美國必然保台這信仰，那是買彩票。

台灣社會還處在兩個迷思（或妄想）當中：（一）一直在指望他國如美日對台政策清晰化，而自己不用清晰化；（二）遭受挑釁或攻擊時，他國會為台灣流第一滴血。

既然是兵家必爭之地，台灣就應該像兵家那樣地思考。兵家想的只有幾件事：如何以最低的代價摧毀對方的意志，以及什麼是自己負擔不起的代價。

因此，台灣此刻最該立刻做的事情就是：明確地標出敵意方將會付出的最高代價，以及，明確地標示善意方介入的最低代價。換句話說，台灣必須「明碼標價」——這樣才能讓有意願與台灣結盟的各國計算自己必須付出的最低代價，然後敵意方也必須估量自己能否負擔面對此結盟體的最高代價。

那麼，面對各路兵家，在實務上有沒有一句話可以涵蓋以上兩件事呢？我覺得是有的，那就是「反共去統不反中」！

在當下各國越來越了解中共擴張本質之下，「反共」這概念不用多解釋了。「去統」指的是把「統一」這二字從台灣社會的字典中去掉。「不反中」意思是台灣人認知到，中國平民也是中國共產制度下被洗腦的受害者。

若清脆明快大聲清晰地說出來、行為上做出來，國際上的善意方就會知道他們支持台灣的最低代價，而敵意方也會因此而知道他會付出的最高代價，這才是保台的兵家之道。

三、地球大局：一球兩制，還是一邊一國？

▼美國「一球兩制」，中國「一邊一國」

世人所關心的美中關係，是否可由近年的中美攻防戰，看出板塊的移動跡象？夾在美中兩大板塊之中的小台灣，前景又如何？

世界經濟的樞紐，由過去的「G20」、「G7」說，到後來的「G5」說，一直到美國一部分重量級經濟／政治人物破天荒的（美中）「G2」說，中國的世界經濟地位可說是扶搖直上。但是「G2」一詞，從未出自美國和中國官方之口；歐巴馬喊出的是「重返亞洲」（Pivot to Asia），而習近平喊出的是「新型大國關係」，川普喊出「美國第一」，習近平答以「一帶一路」，拜登呼喚「結盟防中」，習近平回應「中國不吃這一套」。

看起來挺複雜？台灣一般人被這錯綜關係搞得腦袋發暈。其實情況完全可以用每個台灣人都能朗朗上口的兩句話來歸結，那就是「一球兩制」、「一邊一國」。只是這一次主角不一樣，「一球兩制」的強勢方變成美國，而堅持「一邊一國」的弱勢方變成中國。

「一球兩制」的核心概念是，二戰後地球的秩序是美國領導的秩序，所謂的「Pax Americana」，世界的貿易、金融、會計準則都在此秩序下進行，中國在九〇年代以來的成長都是搭此便車而來。美國可以容許中國繼續搭便車，馬照跑、舞照跳，但必須在既成的交通秩序下，不能闖紅燈、不能偷盜車輛、不能無牌駕駛。

從毛澤東、鄧小平到江澤民、胡錦濤，中共口頭上一直在想和美國劃清界限：中國保證不反攻地球，中華帝國的治權，僅僅止於東海、南海亞洲地區。但是老美帝國不吃這一套，繼續堅持「宇宙間只有一個地球，地球的代表者只能有一個，那就是美國；中國是地球的一部分，我們拒絕一邊一個代表，但我們能夠忍受一球兩制」。

中國「一邊一國」的起初概念是，以國際換日線為界，西邊的太平洋及東海、南海屬於中華人民共和國（以下簡稱PRC）的主權勢力（包括日本、朝鮮半島、台灣、整個東南亞），由中國制定規則。

美國當初吸納中國搭上美國秩序的便車，抱有一個念頭——雙方各取所需、相互得利，只要中國經濟好轉了，就會本質上向西式的自由民主靠攏。這是美國、乃至整個西方，對中共本質極端無知的幻想。事實已經證明，PRC在搭便車經濟成長後，真實的意圖是取代美國，而不僅僅是早年的「一邊一國」。

美國的世界戰略，說到底只有一條紅線：不允許地球上出現一個足以抗衡美國的國家或地區，不論這國家叫作俄國還是中國，不論這地區是美洲、歐洲還是亞洲。今天我們在世界上看到美國介入的紛紛擾擾事務或戰務，都只是基於這條紅線的衍生品罷了。地球上任何地方，只要出現了直接或間接威脅該條紅線的狀況，美國都會視為國家利益而進行處理，直接的威脅就動武，間接的威脅就通過外交和經濟手段。

中共還沒有劃下全球紅線的能力，但是當下中共有一條亞洲地區的紅線：亞洲乃中共的勢力範圍，美國僅可在中共的同意之下參與亞洲事務。但在習近平治下，事實已經證明，中共向來的意圖不僅僅在亞洲，當年的「韜光養晦」只是權宜之計，得了亞洲之後它就要得地球。陽招通過軍事及經濟，陰招通過外銷其日益成熟的「數位化極權控制系統」，以吸引全球的獨裁和半獨裁政權。

很明顯地，這是兩條衝突的紅線，若外交或經濟手段化解不了這衝突，那就是火車對撞，以武力解決。用個台灣人都能理解的比喻來形容目前的態勢，那就是美國希望「一球兩制」：我可以容許中國作為地球上的一個主權特區，在你內部隨你怎麼搞，但中國之外的區域遵照我的交通規則。而中國呢，最終希望的先是「一球兩制」，以太平洋及阿拉伯海為界，西半球歸美國管，東半球歸中國管，然後待時機成熟後進行「一球一制」。

拿個地球儀來看，中美紅線衝突當下的焦點還在亞洲，而台灣在這火車對撞的「衝突公式」中扮演著關鍵角色，因為台灣在地緣上深陷第一島鏈的東北亞、東南亞之中。台灣的立場和動向，雖然不能決定中美兩國亞洲紅線的勝負結果，但是若要敗任何一方的大事，卻也能成為極大的干擾因素。秤砣雖小，其位移卻也可影響千斤之平衡。這也就是過去不論國民黨總統，還是民進黨總統，不時必須對外宣稱台灣不會變成「麻煩製造者」的原因。

過去認為，台灣位於中國進出太平洋的「第一島鏈」要衝，因而為兵家必爭之地。然而，隨著軍事科技及系統的顛覆，這種看法已經越來越不成立。即使繼續以「防禦島鏈」的舊觀念來看問題，要衝也已經不在角色搖擺不定的台灣島，而在日美共治、角色明確的沖繩島，以及美國的防禦要塞管道；換句話說，第二島鏈及第一島鏈已經成為有機的利害共同體。過去一年來，第一島鏈和第二島鏈的界線已經模糊，無論是美國還是中共，都已經在用「兩鏈合一」的觀點在制定他們各自的戰略。

美國的經濟利益宰制全球六十年，過去蘇聯只構成軍事挑戰，現在中國的軍事還談不上全球挑戰，但是對全球經濟的挑戰卻實實在在。美國在自身利益下讓了步，但只能讓到「一個地球，兩種制度」的底線。也就是告訴中國，你必須承認地球只有一個，地球經濟由美國主導，中國只是地球的一部分，因此中國只能在美國的框架允許下進行經濟布局。美國的底氣，來自它的軍事武力以及美元作為全球儲備貨幣的秩序優勢。而中共，已經明火執杖地挑戰這兩點。習近平的「智囊」（或是酒囊？）甚至於近日喊出「把美國管起來」的晦言。

世界經濟不好，整個世界現在都想「經濟擺中間，政治放兩邊」，但中美兩國體大氣長，和大家玩起了「政治擺中間，經濟放兩邊」的遊戲，搞得各個小國疲於奔命。只有台灣，體量雖小，卻具備了大國氣質，成天政治掛帥地在內部折騰自己，不思現實對策，幾乎弄到了「一台兩制」的地步。美中搞區域分化，台灣搞內部分化，真神。

▼台灣被迫選邊，選哪一邊？

美共交鋒下，台灣已經被迫選邊。不過，台灣人沒必要不爽，因為，再過一、兩年，全世界的國家都會被迫選邊，歐洲好一些，但一樣得選邊站。相對之下，美國的選邊政策會相對間接柔性，而中共的選邊政策，大家已經看到了，那就是戰狼式的威脅，大撒幣的利誘，加上無所不用其極的抓人把柄等陰招。許多人選擇親共，並不是意識形態的認同，而僅僅是被抓住把柄、加上小惠小利，這點許多台灣人應該是心知肚明。

由於戰略地緣因素，台灣相當於被送入急診室，面對兩個主治大夫，一個叫白宮，一個叫中南海。如何選擇？這像是一個愚昧的問題，但還是必須回答。因為，愚昧的本質並不是無知或ＩＱ智商低，而是指明明有感有知，卻昧於現實而硬拗，台灣社會還有許多愚昧者。

進一步談之前，容我先說一個故事。一九八五年我由美國第一次踏上中華人民共和國的疆域。第一個讓我驚訝的經驗，就是交通規則。在美國開車，遵循的是「車道主義」，就是你在一條劃了線的車道上，你就有車道權（right of lane），任何其他車子要超你的車，必須按照規則在右線超過。我驚訝地發現，中國的規矩是「車頭主義」，就是任何車輛，只要贏你一個車頭，就可以任意逼你讓他。更糟的是，後來我察覺到了「噸位主義」，就是如果後車的噸位比你大，他按個喇叭，你就得閃開讓他先走。

請問你，你是願意你和後代，活在一個「車道主義」的世界秩序中，還是願意活在一個「車頭主義」、「噸位主義」的世界秩序中？

二戰後的美國秩序有種種問題，軍事霸權的、金融霸權的、文化霸權的，我個人由於在美國、中國、新加坡、台灣都長期生活過，也有不少歐洲、日本、韓國的朋友，對於美國秩序的缺陷及各國的怨言，相信比大多數人都了解。但無論如何，美國的秩序本質是基於「車道主義」的。我們可以挑戰他的車道劃得不公平、限速不合理、紅綠燈的位置不對、閃爍的間隔有問題，你也可以批評他違反了「普世車道」原則，但是他執著於「車道主義」卻是無庸置疑的。

共產黨一黨專政下的中國，大多數人民其實是嚮往車道主義的，哪怕自己多吃一些虧，只要統治者有車道的概念，依法治國就湊合了；即使是惡法，也得有法。然而事實上，中共無論對內還是對外，走的都是「嚬位主義」——官位權力、暴力脅迫、階級剝削。不過得公平地講，中共不僅對社會人民如此，他們自己的黨內文化也是如此，這也是他們可以無視人民的心理基礎：我在黨內的鬥爭環境也是如此啊，因此人民沒資格對我說三道四。

回到台灣。今天中共對台灣的真實態度，完全就是嚬位主義。遠的如新疆、西藏還先不談，看看與台灣一水之隔的香港。有香港朋友問我，可不可以留在香港苟活。我反問他，你願不願意讓你的孩子在今日號稱中國最先進的上海生活？如果願意在上海生活一輩子，那你就可以在香港苟活。這話剛說完沒幾個月，中共就開始試圖在上海實施新疆式的網格化控制，進出上海的人超過二十四小時都得登記身分。此舉引起中國外地人及上海市民絕大反彈，但是中共不可能罷手，一切正在往文革時期倒退。

在「以權為本」的噸位主義下，中國大地一定走向新疆化。在已經成熟的數位科技下，一切的流動性事物，無論人、財、貨、訊息、思想，都會被極權控制。這就是中南海所謂的「制度自信」的核心內涵。不可諱言，這套數位統治機制，對地球上的獨裁、半獨裁政權是極具吸引力的。「噸位主義」被科技化、數位化了。

台灣選那邊？這是一個選擇「車道主義」還是「噸位主義」的問題！

四、美國對台政策的變與不變

▼川普世界觀、拜登世界觀，對台灣有差嗎？

未來的地球勢力地圖，趨勢究竟是走向多極、兩極、單極、還是無極？川普高喊「美國第一」，大家都稱呼他為「單極思維」，只准美國大，不准其他國家大，霸權！

我不這樣認為。我認為川普基本思維方式是企業家思維（若想貶低他，稱為生意人思維也無妨，我想他不會有時間和你爭辯這點的）。標準的企業家（不包括壟斷家）思維是這樣的：我要做大，最好到最大，你也可以做大，只要不占我便宜、搭我便車就可以。有衝突時，我的利益優先。這不是單極思維，而是無極思維。

當下還是以習近平為代表的中國共產黨，才是單極思維的典範——在我的管轄區內，我要一黨專政，在我黨內，我要一人專政，在地球上，我要國國怕我，順我者昌、逆我者亡。一度，中共鼓吹「兩極主義」，也就是所謂的G2，或本書前文所說的「一邊一國」，但那已成過去。今日的習近平政權已經徹底拋棄鄧小平的韜光養晦戰略，轉而走上頭角崢嶸、什麼都戰狼的精神（或神經？）狀態。

美國民主黨推出的拜登，四處結盟鞏固美國，人稱多極主義。你要信了，就有點天真了。拜登代表的是美國的傳統主流——穿著多邊主義的鞋子，邁向單邊主義的道路。

但是美國傳統的單邊主義，不可與中共的單極主義混為一談。美國好歹推動的是民主體制下的單邊霸權，而中共推的是極權主義下的單極霸權。對任何形式霸權都反對的人，儘管去同時反對；但是，對絕大多數本身無法擺脫霸權勢力的國家，必須務實地選擇民主霸還是極權霸。

真正還代表人類新文明的多極包容主義者，只剩下歐盟以及一大批無法保護自身安全的中小國家。多邊包容主義是否走得下去，坦白說，在我看來這不是哲學或道德能夠決定的，而是由經濟狀況決定的。

▼「秩序優先」vs.「價值優先」

川普對世界的切入點是「秩序優先」，而拜登的切入點是「價值優先」，應用在中國上就是「人權優先」。

「秩序優先」vs.「價值優先」，何者對台灣的安全比較有利呢？我們來略談這問題。

你討厭川普嗎？如果是，我打賭你多半討厭的是川普的「價值觀」。怎麼可以在貿易上只顧美國的單邊利益？怎麼可以強拆偷渡客的家庭？怎麼可以不顧人類命運、退出防止地球暖化的巴黎協定？

但若換一個角度，改由「秩序觀」切入，將會看到一個完全不同的川普。政治的內涵，就是「權力及利益的秩序」；無論是美國的開國元勳、或被稱作「獨裁者」的那些人，其腦中都有一種對於權力和利益的秩序觀。人們可以因為自己的價值觀而同意或不同意某種秩序觀，但是在思維邏輯上不可混淆這兩個層次，否則只會越辯論越糊塗。

舉個例子，季辛吉的成名作——聯中制俄，並不是因為他在「價值觀」上認同中國而不認同蘇聯，這兩方在當時都是極端的共產主義方，在主流的「美國價值觀」下都是惡棍。推動季辛吉的是一套他對世界的秩序觀——哪種秩序最能保持世界的權力穩定以及維持美國的最大利益。他的上司尼克森總統，原來在「價值觀」上是個堅決反共分子，但在「秩序觀」上被季辛吉說服，因而才有了美中建交、蘇聯解體、東歐解放，也直接形塑了今天台灣的尷尬地位。

那麼，驅動川普做出那許多古怪動作的是他的價值觀，還是他的秩序觀？在這問題上，台灣必須絕對清楚辨識，否則誤判的代價是台灣承受不起的。

川普之前，世界似乎已牢牢釘在「價值觀掛帥」的理念上，不但西方如此，連明顯踐踏人權的中共都被迫絞盡腦汁構思種種歪理來證明它的價值觀才是正確的，連ISIS都要用價值觀來解釋自己的行為。種種發生在地球上的大事件：金融危機、難民危機、氣候危機、伊核危機、朝核危機，眾人多用「價值觀」來作辯論的基礎。一直等到一個叫川普的人出來大喊：夠了，不要再虛偽了，一切問題都是因為舊秩序無法再支撐現況了，世界需要一個新秩序！

弱勢小國如台灣，別再管川普的價值觀了，那和我們沒什麼利害關係，我們必須深究的是川普的秩序觀，萬一川普是個季辛吉呢？他在四處打爛舊秩序，那麼他要建立的「川局」新秩序長什麼樣？台灣要如何成為得利者而非受害者？這才是政府、媒體、學者在後川普時代應該致力的方向。

川普「秩序觀」的本質是什麼？我會用「地產秩序」來總結。原諒我用如此簡單的比喻來看川普主義，但往往最簡單的比喻才能觸及事情的本質。川普的骨髓是個大地產商，川普主義就是「地產世界觀」；地產的本質，就是一個項目一個項目的評估。相對而言，其他的經濟活動如貿易、金融，靠的都是「流動性」，輸贏不來自單一固定項目的成敗，而來自「網路式的系統成敗」。

地產商不會像其他企業一樣，把產品當作自己一輩子的孩子，而是追求每一個項目的獲利了結，然後協助組建「所有權人管理委員會」，擺脫地產商和該項目的最終責任關係，但若可能則繼續賺管理費。

在國際關係上，在「地產世界觀」下，每個國家都可視為一棟大樓，每個區域都可視為一個社區；自己的大樓、社區自己負擔管理費，若需要第三方的服務如保全，對不起，請付費。

在「地產世界觀」下，倘若川普不了解什麼叫「第一島鏈」，那只要告訴他那就是「水岸第一排」，他三秒鐘就了解了，用不著長篇大論的分析。再如，川普不喜歡跨太平洋夥伴關係協定（Trans-Pacific Partnership Agreement, TPP），並不是他不了解自由貿易可以賺錢、美國不可能什麼都自己做而不要國際貿易，而是他用地產商進行「都更」的概念看十二個國家組成的TPP。如果你是地產商，你願意進行十二棟產權人不同的大樓的「聯合都更」嗎？（一棟文林苑就可以搞死你，何況十二棟聯合談判）。川普要一棟一棟地分開談判處理，他認為「聯合都更」是最笨的事、吃力不討好、賺不到錢的事。

台灣，對川普而言就是一棟有產權爭議的大樓，他個人不會有什麼偉大的理念來介入產權爭議，但是美國憑什麼不能向這棟大樓出售機電設備和保全服務？何況，台灣是「水岸第一排」內的一棟好樓，砸爛了會影響整個水岸第一排的價值和財源。因而，他不會允許任一方做出砸爛台灣的動作，包括台灣自己。

相對於川普，民主黨如希拉蕊、拜登等人代表的是二戰後主宰美國的「流動世界觀」，也就是通過系統性的資源流動（貿易、金融、資訊、人才），築成一個牽一髮動全身的霸權網路。這個網路，近五年來已經嚴重鬆動，修補費用已經超過了美國國力，這就是川普的「地產世界觀」能脫穎而出的大背景。

川普必然同樣重視美國的地球霸權，在軍事上和流動性資產上，他不會讓一步，只是定價標準和價值組合不同罷了；必要時做交易，一棟一棟的「地產觀」會讓交易的決定更容易、更快速。作為水岸第一排中一棟單獨的大樓，台灣不能高興得太早，因為在「地產世界觀」下，台灣就是一棟樓。東協十國，就是十棟樓，雖然這十棟樓有意共用穿梭社區和捷運站的聯合巴士。中國就不是一棟樓了，而是美國最大的地產競爭商，川普會用地產商對地產商的競爭邏輯來定位中國，而拜登會用「沃爾瑪」（Walmart）式的價值供應鏈的邏輯來面對中國威脅。

▼筆尖和書桌：川普世界觀與台灣

美國前國家安全顧問波頓（John Bolton）出書《密室風雲：白宮回憶錄》，提及川普總統在討論中國及台灣議題時，指著桌上的馬克筆筆尖說：這是台灣，然後指著整張辦公桌說：這是中國。

台灣對這事的反應很膝蓋。指望白宮的親美派人士緘默不語，指望中南海的親中派人士則酸不可支。很抱歉，我個人認為這種制式化的兩極反應，即使不是一種悲哀，至少也是一種遺憾。這樣說，因為台灣社會好像總有辦法通過一廂情願或者嘻笑嘲諷來解決嚴肅問題。

當然，這是一個象徵意義極強的小故事，尤其由一向主張對伊朗、中共、朝鮮強硬的波頓口中講出。波頓是個主張軍事解決伊朗、朝鮮的人，並力推以武力在兩週內強迫中共拆除南海島礁軍事設施，否則就法理承認台灣。他書中說川普沒有世界觀，白宮處於無政府狀態（Anarchy）。這景象，配上波頓書中所形容的川普以利為重、期待習近平助他二〇二〇連任成功，再加上「筆尖與書桌」的小故事，傳達的訊息就是：川普在本質上並不那麼厭惡專制國家。只要符合眼前利害。

波頓對川普的重交易、輕人權的評價，我同意。二〇一六年川普剛選上，我就撰文列出川普的十五項交易原則，這點他即使下台了但至今未變。但是，若波頓說川普沒有世界觀，我則強烈不同意；因為，川普雖然有著綜藝表演的特性，但是，他的世界觀主軸極為清晰，反映了二戰以來七十年的美國角色翻轉的必然性，只是過去三十年的美國總統看不清新常態罷了。這點，可能連川普本人都未必說得清楚，但是，總統是選來行動的，不是選來論述的。

波頓的形容是：「……川普（把世界）看成一個一個點的島嶼，就像是一個一個的地產交易。」（His thinking was like an archipelago of dots〔like individual real estate deals〕.）這形容我再同意不過，因為同樣在二〇一六年十二月川普剛選上時，我就在〈川普的地產世界觀〉一文中說：「……川普的骨髓是個大地產商，川普主義就是『地產世界觀』；地產的本質，就是一個項目一個項目的評估。」

波頓的觀察，就是我當年觀察的翻版。遺憾的是，波頓講完這結論後，書中並沒有進一步的闡釋。但我在近四年前的文中，有這樣的說明：「……地產商不會像其他企業一樣，把產品當作自己一輩子的孩子，而是追求每一個項目的獲利了結，然後協助組建『所有權人管理委員會』，擺脫地產商和該項目的最終責任關係，但若可能則繼續賺管理費。在國際關係上，在『地產世界觀』下，每個國家都可視為一棟大樓，每個區域都可視為一個社區；自己的大樓、社區自己負擔管理費，若需要第三方的服務如保全，對不起，請付費……」

在「地產世界觀」下，倘若川普不了解什麼叫「第一島鏈」，那只要告訴他那就是「水岸第一排」，他三秒鐘就了解了，用不著長篇大論的分析。台灣，對川普而言就是一棟有產權爭議的大樓，他個人不會有什麼偉大的理念來介入產權爭議，但是美國憑什麼不能向這棟大樓出售機電設備和保全服務？何況，台灣是「水岸第一排」內的一棟好樓，砸爛了會影響整個水岸第一排的價值和財源。因而，他不會允許任一方做出砸爛台灣的動作，包括台灣自己……

了解了川普的認知框架，就可掌握他的交易模式。經過這一年來發生的事，台灣不應該糾結於「筆尖與書桌」的論述了，只需做好「水岸第一排」的論述就行了。

▼川普、拜登與台灣下一步

不管從「英雄造時勢」還是「時勢造英雄」的觀點看，當下的人類文明挑戰、世界政經局勢，都在呼喚除舊布新的英雄。習近平想做，卻弄出了尾大不掉的「一帶一路」，國內一黨專政越陷越深，糧食能源兩缺、金融秩序散架、黨內清算越演越烈，眼看就要「吃緊弄破碗」。川普想做，然素人的平民手段終究不敵深層政府及沼澤的建制手段，臨去拋下一句「我們開啟的運動，還只是剛剛開始……我們將以某種形式回來」。

雖然離去總統職位，但川普在四年內所做的「老機器翻新」動作（當然，在建制力量看來那叫作「破壞體制」），已經難以扳回。這樣論斷似乎有些邏輯自我矛盾：你不是剛剛才說川普只花了四年就翻新（或破壞）了老機器嗎？那為何新任的拜登不能花四年扳回？

要回答這問題，必須把歷史的時間尺拉長到至少三十年前的後雷根總統時段，甚至拉至二戰後的美國。長話短說，川普的所有口號，「讓美國再次偉大（MAGA）」、

「擺脫深層政府」、「清乾沼澤」，都暗含了一個前提：世界秩序早已翻轉，而在他之前（至少自雷根總統以來）的四任總統的三十二年，都只是在做一些小修小補，而他是來做翻新工作的。

川普敢於正視問題，如同當年痛斥「軍工複合體」的艾森豪總統的那句名言：「The Buck Stops Here」（推諉止於此處）。非常弔詭地，地球另一端的習近平的動力也是來自前任總理溫家寶的那一句「再這樣擊鼓傳花下去，我們就要亡黨了」。雖然習近平山寨美國發明了「中國夢」，但川普的MAGA乃是真正的心中有美國，而習近平口號的實質內容是「讓共產黨再次偉大」，用上「中國」兩個字只是明示中國乃共產黨囊中之物。明白這點，你就明白了美國精神和共產精神之間最根本的差異落在何處了。

把焦點拉到台灣。最讓台灣好奇、焦慮的疑問是：拜登政府的對台政策，會不會與川普政府的貌合神離？會不會推翻龐培奧去職前兩週發布的反共親台殺手？

但容我直說，這類發問方式，反映了台灣社會的錯誤認知框架；藍綠用這類問題來相互攻訐、糊弄民意，更是對國際政治認知脫節的表現。

我在二〇二〇年五月的撰文（見〈台灣已進入五角關係〉）已經論述了台灣在國際

現實政治中，不但脫離了「兩岸關係」概念，甚至不在「美中台三角關係」的認知框架下，而只有在「五角關係」的框架下，才能完整理解台灣的博弈地位。這五角分別是「美利堅共和國、中華人民共和國、中國、中共、台灣」這五方。因此在拜登政府上台後，台灣的發問方向應該是：（一）拜登團隊對「五角框架」的認知程度以及認可程度；（二）「五角框架」對台灣是有利的，台灣自身應該如何、可以如何固化這框架？（三）台灣的國安論述、主體性論述，如何由過去狹隘的「兩岸」、「三邊」，升級到「五角框架」？

以幾個犀利的問題結束此節：台灣社會的「反中」，請問反的是「中華人民共和國」，還是「中國」，還是「中共」？當美國政策形容台灣為「民主自由的燈塔」時，它的對比參照物是「中華人民共和國」還是「中國」還是「中共政權」？

若回答不出這幾個問題，恐怕台灣就完全辜負了川普政府，接下來也無從和拜登政府打有效的交道。

▼拜登大考：「切習保共」或「切共保美」？

蘋果有兩種切法，橫切和豎切。中共至少也有兩種切法，看你怎麼切。

一種切法是「中共不等於中國」，這是我在二〇一六年七月一篇文章的篇名，也是川普政府後期的官方立場。這種切法下，不管是叫作戰略競爭對手還是敵人，美國不必對上十三億中國人，只需對付九千五百萬的共產黨員，台灣也無須視中國為敵，「反中」這個無時無刻不被中南海作為文攻武嚇統戰工具的漿糊概念，也可以正名為「反共」。美國、英國、日本以及世界上所有國家，都有許多「反共不反中」的人物及力量，因此這種切法，可以減緩或消弭許多因為歧義而產生的不必要的社會對立，有助於凝聚共識。

另一種切法是「中共領導人不代表整個中共」。例如有人說，毛澤東路線不代表整個中共，否則後來怎會出來一個鄧小平帶領中共進行所謂的改革開放呢？這也是美國日裔政治學者法蘭西斯・福山（Francis Yoshihiro Fukuyama）的那句名言：「中國專制的恆古問題，就是遇上好皇帝還是壞皇帝的問題」。

川普政府後期堅決地採用了第一種切法。拜登的白宮團隊會用第一種還是第二種切法？這是個大哉問，也和台灣的未來息息相關。

二〇二一年一月底，重量級、屢出政要高官的「大西洋理事會」（Atlantic Council）發布了一篇重磅政策建議：「更長的電報：邁向新的美國對中國戰略」（THE LONGER TELEGRAM—Toward a new American China strategy）。這份類白皮書使用的隱喻「長電報」，指的是一九四六年美國外交官喬治・凱南（George Kennan）從莫斯科發給國務院的八字長電報，直指蘇共的本質，斬斷了美國高層對蘇共的幻想，從此奠定了美國以蘇聯為主敵、並進行長期冷戰的基礎。凱南的「長電報」，核心概念只有一個：蘇共不等於俄國，美國必須將蘇共視為一個整體，並非除掉了史達林就可以解決問題。凱南的切法是第一種。

「更長的電報」白皮書有八十餘頁，其內容被媒體界、政學界形容為「極度鷹派」，但報告內對中共的切法，卻是上述的第二種切法。扒開洋洋灑灑的分析及對策，該白皮書的內核其實只在論證一個道理：今天的中共會變成美國最大的威脅，罪都在領導人習近平一人，對內回歸毛澤東路線並清算異己、對外行使擴張主義；中共黨內反習人士眾多，美國應該致力於替換習近平路線，讓「更溫和的派系」執政、把中共拉回「二〇一三年以前的狀態」，未來三十年間中共就會馴服地走入美國秩序。

離奇的是，如此重中之重的戰略提案，作者既不是一個人名，也不是一群人名，而是署名為「匿名」（by Anonymous）。大西洋理事會對此解釋說，史上第一次容許匿名發表，實在是因為內容太過於重磅以及敏感，因此同意真實作者不透露身分。

直覺告訴我兩點：（一）這封「更長的電報」是一隻貼上老鷹翅膀的熊貓。「如虎添翼」這句成語，在此處可以改為「如熊貓添翼」；（二）推動甚至贊助這份政策白皮書的背後力量來自中共內部的反習派系。

換句話說，此白皮書可視為美國擁抱熊貓派，在經歷過川普白宮痛打之後的變裝翻身術。他們還不敢一步到位地跨越川普白宮在去職前所劃下的紅線：美國最大的戰略敵人就是中共這個群體。不碰這紅線，又如何保共呢？那就是揪出習近平，提出「換掉習近平，中共就會乖」的特效藥路線。

政治的水太深，我目前還看不出來「大西洋理事會」的這個重磅動作，究竟是出自中南海內反習派的運作，還是出自拜登團隊的默許授意？讓我們繼續觀察。

這份提案白皮書與台灣有關。報告主體中有關台灣的部分說：「必須定下清晰的紅線，制止任何對台灣及其外島的軍事攻擊，包含經濟封鎖、對基礎設施或機構的大型電子攻擊……若制止無效，則美國直接介入。」但是，報告中卻未定義何謂「美國直接介入」的意涵。報告的結論中所提到的美國對台灣立場，用的語言則是溫溫吞吞的「防止（制止）軍事拿下台灣」（deterred from taking Taiwan militarily）。

川普離職時留下的遺產是「切共保美」，而大西洋理事會的「更長電報提案」卻是「切習保共」。這兩條路線在戰術上雖然有重疊的部分，但在戰略上卻是南轅北轍。拜登怎麼切？這場大考將透露他的底色。

五、三戰已經開打，四戰還會遠嗎？

病毒疫情未了，接下來的世界秩序，由經濟決定，還是政治決定，還是軍事決定？世界已經是一個極端複雜的系統，甚至能否稱為「系統」都已難講。因素如此之交錯互動，可能只有超出人類認知能力的「混沌」才可比喻，一個超出統計學、機率學或任何已知學科的範疇。因此，我們有需要顛覆許多既有概念的定義。讓我們從「戰爭」這個概念開始。

▼第三次世界大戰已經開打

如果「世界大戰」的定義是：全球既有秩序瓦解，國家之間迅速邁向集團化，各集團都以自己利益為中心來算計其他集團，各國政府都朝向「零合心態」（zero-sum）邁進，那麼，第三次世界大戰已經開打。

有人會說，如果不是軍事熱戰，那就還不能稱為世界大戰，而只是「冷戰」。這是一種遠遠脫離現實的過時思維模式。早在一九九九年共軍就完整提出「超限戰」的概念，將生化戰、金融戰、訊息戰、貿易戰、宣傳戰、氣候戰等等非傳統但仍可致敵於死的技術，列入了大戰的範疇，並隨後不斷研究及實踐至今。

如果將來地球上出現集團與集團之間的軍事流血行動，那就應該被歸類為「第四次」世界大戰。之所以花篇幅區隔「第三」及「第四」的不同本質，是因為所有國家，包括美國、歐盟、日本、台灣在內，都還沒有充分意識到當下事態的嚴重程度其實已經到了世界大戰的級別。二〇二〇年三月分的世界，只有一個國家清楚知道第三次世界大戰已經啟動，那就是中國——共產黨專政下的中華人民共和國。中共已經早於其他國家至少三個月進入備戰狀態，其他國家最好趕快認識到這點，否則就輸在第三次世界大戰的起跑線上了。

這場「三戰」乃一次基於流動性危機的戰爭——人、財、貨的斷流，而造成斷流的卻是另一流動元素的竄流：爆發於中國武漢的新病毒。完全由「流動性」（liquidity 或 flow dynamics）引發的世界大戰，可說是人類新經驗。其殘暴性或許不比血淋淋的一戰和二戰，但是這場新型戰爭所造成的死亡人數和財富損失，到頭來不見得低於一戰、二戰，更別說它可能觸發的第四次大戰，那將是一場直接濺血的戰爭。

客觀地說，當下這場第三次世界大戰的動能，在武漢爆發病毒之前，老早就存在了。它的震央不是軍事、不是政治，而是經濟。即使沒有病毒疫情帶來的人、財、貨斷鏈，中國的經濟遲早也要崩盤，以美元為錨的世界金融體系也遲早要出現破洞。但病毒的出現，瞬間將原來的慢燉鍋變成了高壓鍋，全球經濟的恐怖前景，立即點燃了石油戰和金融戰。幾種流動性同步激盪，勢不可擋。

我判斷這場三戰的戲碼不會拖拉，頂多兩年。舞台上主角是美國和中共，第一配角的人選是台灣，但台灣已經在鎂光燈下，自己卻似乎還不知道。

▼美中第三次世界大戰開打

第三次世界大戰已在美中之間開打，但形式既不是熱戰，也不是冷戰，而是「流動性戰」，這是二戰後不知不覺發展出來的、人類前所未見的形式。西方學者拘泥於美蘇冷戰的經驗，以為美中之間會先進入相似的冷戰，我的看法是，「冷戰」這種僵持狀態的戰爭，在地球上永遠不會再發生了。這次基於「流動性」的第三次世界大戰的結果，不是一方直接服輸，就是直接進入熱戰，而那場軍事熱戰，應該被稱為「第四次世界大戰」。

一會再說明什麼是「流動性的世界大戰」，我們先來看看世局現況：中國經濟進入惡性滯脹，全國進入實質軍管，中共無法應付病毒帶來的政治、經濟、社會骨牌效應，為了保住一黨專政，破罐破摔，將自己的困境甩鍋給世界，「攪炒」西方。這未必是習近平本人的選擇，但在中共內部習派與反習派的鬥爭已經炙熱的情況下，壓力螺旋式上升，中共內部各派達到默契，以「攪炒」美國秩序以保專政，乃高機率事件。

全球疫情爆發所引發的金融危機，雖然有之前就已存在的金融因素，但疫情製造出的全球供應鏈斷裂，人流、物流、金流中斷，是不折不扣的導火線。與此同時，中共國內的大內宣和國外的大外宣全面出擊，說病毒來自美國。

如果說二〇〇八年發自美國的金融危機對世界是一場七級大地震，那麼二〇二一年醞釀中的金融風暴就是一場八級、甚至九級的災難，現在只是剛剛開始。美國及歐盟政府雖然即刻做出絕大的動作，但都只能視為替內出血的傷者貼膏藥而已。

全球醫界已有共識，爆發自武漢的新病毒，對人類還會有至少第二波的攻擊，這意味著對全球人流、物流、金流的衝擊至少將持續到第三季度甚至更久。全球面臨的是一場病毒危機和金融危機交互強化的局面。

中共體制下的經濟，事實上連貼膏藥的本錢都沒有了，只剩下一張宣傳的嘴。作虛弄假的成效，頂多也就再支撐一段時間的門面。接下來的通貨膨脹、廣大失業、債務違約、貨幣貶值，指日可待。即使用共產黨傳統的人海戰術，前仆後繼，全球疫情帶來的訂單流失、貨出不去，無可避免的要帶來蕭條與通貨膨脹同時存在的「滯脹」。

現在可以略說為什麼這是一場「流動性引發的第三次世界大戰」了。一九一四至一九一八的第一次世界大戰或許還可視為一場版圖之戰，但是一九三九至一九四五的第二次世界大戰就已經不純是版圖之爭了，相當一部分起因是金融的流動性：一戰後德國的金融財政壓力，以及一九二九至一九三三與美國大蕭條相伴的世界金融危機。

金融是流動性的，病毒也是流動性的。但錢（信用）至少是看得到的、可計算的，而病毒是看不到的，不可計算的。當下的人類及國家，處於「病毒危機惡化金融危機、金融危機惡化病毒危機」的相互激化狀態。

但，為什麼會演變為「世界大戰」呢？有兩個原因：其一，在病毒流動性及金融流動性絞在一起、國際既有秩序急速瓦解時，所有的國家都會傾向以自己利益為中心來算計所有其他國家，各國政府都會在壓力下落入「零合心態」。其二，也是更重要的一點，習近平和川普都已經被逼到各自國內的牆角，選擇餘地越來越狹窄。

已經現端倪的第三次世界大戰會如何展開？引起第四次世界大戰（熱戰）的可能性有多大？台灣如何面對？

▼流動性的三戰

前文論及，第三次世界大戰已在美中之間開打，但不是熱戰模式，而是人類活動中各種「流動性元素」合流激盪下的戰爭。而這場三戰的過程不會太長，也不會演變成拖拖拉拉的冷戰，結果只有兩種：一方服輸，或直接進入真正武力對決的第四次世界大戰。

二〇二〇年三月十八日在白宮日記者會中，雖然焦點集中在疫情，但川普在答問中用了「戰時總統」（war time president），也採用了《紐約時報》社論的建議，啟動了戰備時期的《國防生產法》（Defense Production Act）。同一時段，大西洋彼岸的英國，首相強森在記者會中以罕見的驚惶語調說，英國正處於「國家戰役」（National fight）。美洲大陸、歐洲、中東、北非的政要，確診武漢肺炎的案例日增。

回顧二〇二〇年，病毒戰場之外的兩個戰場：金融及石油，戰情同樣以迅雷之速展開。道瓊指數一度跌破兩萬點，後來雖然回檔，但起伏仍然深不可測。固然以美元錨定的國際金融體系早已破洞百出，但背後推波助瀾的國際政治因素也不可小看。例如二〇二〇年發生的原油亂象，在價格往不可持續的每桶二十美元逼近時，當事三方的沙烏地阿拉伯、俄國、美國卻毫不讓步。在這三股流動性合流、並且看不到結束點的不定狀況下，可說全球政府都已經進入備戰狀態，脆弱國家如伊朗或朝鮮，不管是出於自願還是代理，若在大國的意志下挑動區域平衡，也不會令人意外。

這場「以流動性合流開打的的第三次世界大戰」會如何展開？其結果會不會帶來以熱戰形式顛覆世界秩序的第四次世界大戰？

三場流動性戰爭中，最單純的應該是油價戰爭，因為，結束油價戰對交戰三方都有利。美國的頁岩油行業剛形成規模，自然不會輕易任其崩塌。俄國方面，如果價格戰再起，經濟可能倒退到普亭執政之初。而沙烏地阿拉伯，正在為二十年後油源枯竭的經濟進行轉型，既然在此次油價戰中證明了它實力猶存，也沒必要自我杜絕二十年後的國運。

金融流動性的層次就不一樣了。不管此次金融世紀危機是出於自然的系統性崩塌，還是出於某股暗黑勢力的顛覆，對美國和中共政權，在病毒疫情阻絕國際供應鏈的既成事實下，都是一次順勢擊垮對方的大好機會。中共方面，可以通過精準的原料及產品阻斷，定向、定點、定性地削弱美國經濟，延長金融風暴對美國經濟的打擊。甚至不能排除一種可能，中共因內部保權／奪權的鬥爭失控，而邁入「攪炒美國」的路線，與美元脫鉤，強行推進人民幣國際化的奢想。

同樣地，美國也可以藉著金融危機，加上「病毒來自共軍武漢生化戰實驗室」的證據，在師出有名的情況下（例如新疆人權惡化、共軍進入香港、軍事挑釁台灣等等），要求中共立即履行「第一階段貿易協定」中的金融開放條款，徹底顛覆中共專政所依賴的人民幣及港幣體系。再如，以「撤除訊息防火牆」為中國留在西方經貿體系中的先決條件。

而這一切，都與病毒的生物特性以及疫情會拖多久有著直接關係。種種引爆點的能量正在累積中，就等某處某人犯下某個愚蠢的錯誤。

第四次世界大戰的熱戰會發生嗎？世界早有定論，若再發生足以牽動全球的熱戰，波斯灣、南海、台海是三個首選地點。照理來說，台灣社會應該及早建立充分的心理準備，但是台灣並沒有。絕大多數的菁英群討論，從政界到民間，都還單單停留在如何控制疫情、如何在動盪局面中多賺一點錢的心態。

討論戰爭，在台灣是個禁忌，是極端政治不正確的。這有好有壞；好的是台灣人隨時可以用精神勝利法過日子，例如感嘆疫情導致錯過了日本的櫻花季。壞的一面，就是容許鴕鳥永遠假設天下有免費的沙子可供藏頭。

只有在美國提醒台灣戰爭風險的時候，台灣媒體才敢被動地報導。這不，二〇二〇年三月初美國在台協會（ＡＩＴ）理事長莫健訪台，新聞界報出他說「台灣有必要全面備戰，而且最好要馬上做，才能因應最壞的突發情況」。但從社會反應來看，台灣不盡然相信。

台灣政府，包括軍方，直至二〇一九年似乎認為中共武力挑動台海的可能性是三至三十年的事，而不是六至十三個月的事。但事實上，北京自二〇一九年起，就不斷暗示著一個兩年的時間表，只是台灣社會聽不懂其中的政治玄機，而政黨們則無例外地只用它來作為互相攻擊的槓桿。

在「第三次世界大戰」已經蠢動、白宮和中南海勝算未明的狀況下，台灣應該如何為接下來可能發生的「第四次世界大戰」——熱戰，做出心理上及策略上的準備？

▼第三次世界大戰中的台灣

病毒疫情擴及全球、人類面臨極可能的第二波、第三波變種病毒感染衝擊；另方面，原本應該在疫情結束後才開始「秋後算帳」的三大問題——究竟誰應對病毒擴散負責、究竟病毒來自何方、誰應該對世界的經濟損失負責，已經提前開始算帳了。

儘管WHO主事者在初期一直掩護中共對疫情的隱瞞，但二〇二〇年末以來疫情如火燎原的全球擴散，紙再也蓋不住火。這支病毒，正如WHO的獨立顧問、哈佛大學衛生專家埃里克．費格丁（Eric Feigl-Ding）博士所判斷，病毒爆發的嚴重程度可能是「熱核反應級別」（thermonuclear pandemic -level bad）。

無論如何，病毒來自何方、哪方要負起擴散的責任、哪方得對人命和經濟的巨額損失負責，已經被提早納入國際議程中了。我們一般人未必能看到其中折衝的細節，但是其後果卻和美國集團和中共集團是否會、何時會進入熱戰階段有著千絲萬縷的關係。大部分國家都擺脫不了這些可能的後果，台灣更不例外。

局勢走到這步，世人已經清楚，當前所謂的金融危機，固然有其早就存在的系統因素，但是若這兩場危機最終觸發了軍事行動，絕不單只是貨幣體系和能源體系的原因，而更是病毒疫情帶來的世界經濟斷鏈危機。

即使沒有此次疫情，中國的經濟也難以支撐過二〇二二年，而經濟是中共得以一黨專政的基礎。另一方面，即使沒有疫情，美元體系也早已破洞百出，這由各國落入違反所有古典經濟、而任所謂的新經濟理論流行、出現的「負利率現象」可證。現在平地冒出全球疫情下的經濟斷鏈，瞬間加速了中共建構在美元體系上的海市蜃樓之崩塌，也使得美元體系的脆弱性一覽無遺。這，就是本書所稱的「第三次世界大戰」的發生背景。正在進行中的第三次世界大戰，雖然還不是熱戰，但是一定是一場翻轉世界權力格局的戰爭。

在這微妙的形勢下，讓我們腦筋急轉彎一下：有沒有任何可能，台灣能夠通過論述及提出具體對價方案，由關鍵棋子的角色，轉化為改變棋局的「半個棋手」角色？

在博弈中，經常有一種角色叫作「關鍵少數」，直白講，就是一種「成事不足、敗事有餘」的身分地位。近代史的四百年中，歷史從來沒有賦予台灣這樣一個地位，因而台灣也從來沒有構想過，扮演關鍵少數下可以提出怎樣的對價。

台灣當下最應該問自己的一個問題是：如果還看不到自己的關鍵少數地位，而僅僅是「處變不驚」或「聽天由命、順勢而為」，結果會更好嗎？

▼第四次世界大戰的導火熱點：台海？

前面論述了第三次世界大戰已經以非傳統的形式發生，並且極有可能以人們所料未及的速度演變為第四次世界大戰：熱戰。就半年前，這觀點對大多數人還屬於「危言聳聽」，但隨著病毒疫情而來的世界秩序逐步解體，我相信不久之後，包括台灣人在內的世界眾人，都會認知到，事況並不是意外飛出的黑天鵝，而是高機率的灰犀牛（意指已可預見的高機率風險）。人們的意識會在接連不斷的詫異中被重新清洗一遍，明明灰犀牛兩年前就已經向世界奔來，滾滾煙塵竟然被自己視而不見，隆隆聲響何以自己聽而不聞？

事態之嚴峻，已經不容許我們再繞著圈子說話。這一節，我們專門談大局大勢下台灣的國安。預設的前提是，若發生熱戰，三個可能性最大的起火點是波斯灣、南海、台海。我們從軍事考量和非軍事考量兩方面，來看看台灣如何面對才對台灣最好。

三者中，從軍事考量而言，對美國最困難的作戰地點是台海，最有經驗的地點是波斯灣，而對中國最有利的作戰點就是台海，最不利的地點是波斯灣。但軍事考量，永遠不是戰爭的主要考量；戰前和戰後，主要考量的都是政治和經濟，只有在打仗過程中軍事考量才會成為主導。

從政治、經濟等非軍事考量來看，美國的考量會比較單純，因為它已經是一個聯邦制度的統一國家，有著一致的國家利益。相對而言，所謂的「中國」在考量上就複雜多了，因為一黨專政的中共連自己內部都還沒有統一（看看新疆、香港），家族派系內鬥不止，連政黨利益都無共識，更不用說國家利益了。

國家利益一致的美國，其選擇優序應該是台海—南海—波斯灣；然而請注意，這不能理解為台海在三者間對美國利益最重要，反而是最不重要。而中國的優序則隨著黨內派系利益鬥爭而起伏變化，若民族主義成為共產黨生存的最後救贖，則優序是台海—南海—波斯灣，反之若區域霸權成為中心策略，則優序是南海—台海—波斯灣。

台灣，雖然軍力在世界排名前二十，但比起美、中還是差得遠；因此，台灣不可能在軍事考量層次走主動路線以影響美、中的優序。台灣唯一可能影響美、中優序的層次在非軍事面。因而，台灣的策略重心，應該儘量收斂在非軍事考量的部位，也就是政治和經濟層面。再進一步想，經濟層面台灣的體量不大，唯一可峙的只有電子產業，這樣一來，台灣剩下可用的力道，就是政治了。

論述至此，我們已經可以達到一個結論：在目前嚴峻事態下，美國及中共政權發生熱戰的機率節節升高，台灣倘若採取「處變不驚」或「聽天由命、順勢而為」的態度，成為起火點的機率相對其他地區是高的。若要降低此機率，通過軍事或經濟的論述及行為，起不了關鍵作用，唯一可能影響美、中決策的，只有政治路徑。

台灣人一向自我看低台灣在世界政治格局中的地位，這種心態直接來自台灣的歷史經驗——四百年來一直都是「別人基地」的角色：歐洲的貿易基地、大清的海商基地、日本的南進基地、政權的反攻基地、美國的制中基地。因此，台灣當下雖然自認是個主權獨立完整的國家，但是事實上政界、社會的反應模式，都還沒有擺脫「別人基地」格局的夢魘。

這個「基地夢魘」，就是台灣一直不認為自己可以通過政治路徑影響甚至改變他國決策的主因。但是，十字路口終究是要到來的；二〇二〇年已經發生的這場「另類第三次世界大戰」，不管台灣人選擇視而不見還是誠實面對，都是十字路口。視而不見，台灣就會留在四百年來的「為人基地」的慣例之中，但若自我提升格局，台灣就可「轉大人」。

在美國、中共之間攤牌肯定發生的情勢下，台灣可以採取什麼樣的政治路徑，以利國安？白宮、中南海、台灣總統府三方，都有各自的政治紅線，這三條紅線之間，有沒有台灣可以化被動為主動的政治空間？關鍵在格局；我們不怕台灣力量小，我們只怕台灣格局小。

六、台灣對付四戰之道

▼不怕台灣力量小，只怕台灣格局小

前面描述了非典型的第三次世界大戰，及為何它可能演變為熱戰形式的第四次世界大戰。台灣由於地緣及歷史的因素，夾在美中之間，成為熱點中的熱點。因為這場無硝煙的三戰，美中關係在突變，世界格局在突變，台灣在區域中和國際間的角色，其實也在突變。台灣人的思維模式，不能駐停在「前疫情」的格局，而必須以「後疫情」的大局來重新定位自己。

比起大多數其他國家，台灣病毒疫情管控確實不錯，因此台灣當下沉浸於通過這事實提升國際地位的氣氛中，例如口罩外交、傳媒外交，把中共及早已被政治化的WHO氣得牙癢癢。然而，更重要的一件事是：台灣社會是否意識到此場無硝煙三戰演變為四戰（熱戰）的徵兆，以及其中的風險。

過去三年在誰都想不到這場疫情的時間段內，我曾從各種角度「挑撥」台灣社會對一場熱戰的風險意識。綜合起來大約有以下數點：

（一）台灣就像一家精緻的瓷器店，隔壁住了一頭隨時會失去理智的大象，台灣需要深度研究大象生理學和心理學，減低大象衝進瓷器店的機率，必要時還必須對大象對症下藥。

（二）大象衝過來時，犀牛會來援助台灣，但施力多大，來不來得及，都是變數。

（三）台灣自己若不堅定、不團結、鬧內鬨、不願流血，還指望犀牛來替台灣流血，是否太天真了？

（四）台灣政府可能有十八套應付大象的劇本，但是這十八套劇本下對台灣社會的損失和傷亡，有告訴人民嗎？（正如此次疫情，美中的最大差別就在於，中共政權完全對人民隱藏真相，而美國政府則是完全透明，告訴人民將死亡數十萬人，而這正是集權政體和民主政體的差別）。

在無硝煙的三戰已經開打之際，台灣人民應該問自己以下問題：

（一）台灣是希望還是不希望熱戰發生？若是前者，你的生理和心理都準備好了嗎？若是後者，台灣有沒有任何辦法降低熱戰發生的機率？

（二）倘若台海發生熱戰，哪怕只有千分之一、萬分之一的機率，不管規模大小，你會堅定地站在大象這一邊，還是堅定站在犀牛這一邊，還是猶豫不決地騎牆兩邊看？

（三）美國犀牛已經相對明確地決定要解除大象對現有以及將來世界秩序的威脅，並已經以明確的態度正面對待台灣在之後的角色。除了通過美國國內的各種對台法案，最近還決定重建一條直通台灣的通訊海底光纜，並禁止連結香港現存的數據系統。因而台灣有機會成為以下角色：（1）（無論熱戰是否發生）取代至少部分香港過去的金融、經濟角色；（2）由於台灣與中國使用同樣的方塊字，台灣成為未來中國以及全球方塊字使用圈的政治文明標竿；（3）促使台灣成為協助「後中共一黨專政」的中國政治、經濟、社會重建催化劑。

台灣社會思考了以上問題之後，應該務實地面對以下大局：

（一）在當下的「非典型第三次世界大戰」已經開打的形勢下，向來大家所理解的台灣戰略地位已經大不同於「疫情前」的地位了。美共雙方，在實務上都各自需要一段對策準備期，而台灣若格局夠，很有可能扮演這段關鍵期內的「和平製造者」，並且趁著這場角色扮演提出對價，進一步鞏固台灣的主權地位，並為「疫情後」的台灣及世界秩序做出貢獻。

（二）台灣成為和平製造者的策略方向以及具體方案何在？過去幾年曾經陸續提出若干方案，當時看來可能像天方夜譚，但是現在越來越不像了。列舉其中幾條，如〈太平島的使用應該國際招標〉、〈和平公式中的台灣地位〉、〈台獨與台灣中性化（Neutralization）〉、〈台灣別中計，中共不等於中國〉、〈一國多港——香港的第四種想像〉、〈川普如果向台灣借名片〉（系列）等等。詳細內容煩請讀者造訪InsightFan.com網站，或參照《2022：台灣最後的機會窗口》一書。

這場非典型的第三次世界大戰，將台灣的機會窗口和風險窗口提前了兩年。作為結語，還是那句話：不怕台灣力量小，只怕台灣格局小。

▼台灣訣：不掉隊、不插隊、除肉桶、固社區

二〇二一至二〇二二是台灣的凶險期，也是機遇期。時間不多，怎麼做，將決定台灣未來數十年的命運。

凶險主要來自國際環境，國內的紛爭是次要的。我常說，國內固然紛爭不斷、政府

失效，台灣就像一艘失去動力和羅盤的船，原地打轉、空耗資源，但是，只要再給台灣二十年的時間，隨著老世代的逝去、年輕世代成熟，台灣一定會展現新風貌。關鍵問題是，大環境給不給台灣這二十年的自然翻轉時間。

關鍵在國際環境中的兩隻灰犀牛：一隻就是眾所周知的來自中共的威脅，另一隻是世界經濟週期的下行。這兩隻灰犀牛是相互推波助瀾的，萬一再出現我們預期不到的黑天鵝，事態就會更加嚴峻。

這兩年凶險期，台灣如何做，才對台灣最有利？各方各派的意見，大家都已耳熟能詳，此處不再一一評論。我認為，在可預見的灰犀牛及可能發生的黑天鵝境況下，台灣應該採取以下的「十二字訣」：（對美國）不掉隊、（對中共）不插隊、（對台灣）除肉桶、（對人民）固社區。

先說「不掉隊」。美國之所以關心台灣的安全，理由有二，一是台灣處在「水岸第一排」東亞地緣政治的意義，二是台灣證明了，在方塊字文化圈內也有可能經由人民自我努力而邁向民主。在這兩個理由下，美國願意提供台灣國家安全上的協助，但這協助是基於美國的國家利益，而不是基於台灣的主觀需求。因此，台灣的最佳策略不是強人所難，而是隨著美國的節奏「不掉隊」。這不僅包括要確切掌握美國提供的窗口機遇，還包括了對自身的民主落後之處果斷地動大手術。

再談「不插隊」。中共的一黨專政統治面臨的政軍挑戰至少有六個：南海石油及海貿的通路問題、新疆維吾爾族問題、西方是否允許香港繼續扮演門戶角色、朝核如何解決、東海釣魚島可能導致的中日衝突、台灣海峽問題。台灣多數人有個盲點，以為台海是中共或習近平最關注的問題，事實上，台海對中共處境的顛覆性乃美中衝突的附屬品，除非台灣自己插隊到前面。

對於幾乎一定到來的世界經濟下行壓力，台灣藍綠政府向來以虛無飄渺的「創新大政策」來自欺欺人。這是開玩笑，因為台灣的「政治利益肉桶」結構一直存在，腐肉未去，何來創新？「權力肉桶」、「利益肉桶」只要打破，每年就能擠出上千億的財源，足以解決幾乎所有台灣的民生問題。這任務，寄望於政界、財經界、司法界「自宮」是不可能的，只能靠社會壓力、選票壓力以及輿論壓力。擠破膿包，拿回原本就屬於你的東西，這是每一個人自己的責任。

最後，在危機及困局時期，人民的焦慮感必然陡升，隨之而來的就是加劇的社會問題。此刻，廣義的「社區感營造」特別重要；通過設計和安排，在日常生活、家庭、教育、娛樂中注入種種人際交流元素，強化社區認同感和互濟機制，可大大緩和焦慮。還好，這方面的社區意識和人才，台灣相當充沛，只是需要再加一把勁和創造新鮮的整合方式。

「固社區」還有另外一層意義，但那是台灣社會不願意面對的視角。台海及周邊若發生軍事衝突，啟動者一定不是台灣，但台灣一定避免不了直接、間接的衝擊波。除了心防，更實際的是民防——民間社區的自我人身保護機制。台灣的社區，無論是市、鎮、鄰里、居住樓房，都需要民防的技能，正如每個社區都需要防地震的技能一樣。對此點的進一步討論，請見本書後續各章節。

十二字訣，知易行難，但若怕難而不行，台灣將來會更難。

▼作為阿基米德槓桿點，台灣要什麼？

希臘數學家阿基米德說「給我一個對的支點和一根足夠長的桿子，我可以翹動地球」。

如果你家恰巧就座落在這樣一個支點，而已經擁有一根足夠長桿的阿基米德前來洽談使用，你會收多少錢？提出怎樣的對價？

美國現在說，給我一個支點和足夠的壓力，我可以翹動中共的一黨專政。政治、經濟、軍事壓力已經快要足夠，就剩下找一個支點。美國的第一選擇是台灣，台灣願不願意接受？接受的對價是什麼？不接受的後果是什麼？

由於地緣及歷史，在地球格局邁向割裂的當下，台灣的支點地位已經由隱性轉為顯性，從來就知道這點的美國當然現在更加清楚，日本也早已在大清帝國時代就知道。歐洲人原來只知道台灣是個貿易中站，現在我想歐洲沒有一個國家不知道台灣原來是一個可以翹動地球格局的支點（要是早有先見之明，當年日本向歐洲兜售台灣時，法國人就應該買下了）。

在地球支點這議題上，台灣人自己其實是後知後覺的。不管歸咎於移民心態、順民心態、還是難民心態，台灣人一直處在悲情之子、亞洲孤兒的心理狀態，四處在找父親意象，遇不上合意的收容者，就務實地西瓜偎大邊。

即使現代化了、生活殷實了，台灣在所有對外的作為上，還是擺脫不了童養媳、小媳婦的心理框架。力爭上游到頭來，頂多也就是個好學生，做成了好學生，下一步就是想做模範生，人生至高境界也就是升官發財。

台灣最在意的就是排名。經濟排名上升就心滿意足，幸福指數必須斤斤計較，大學密度排名即使浪費也會沾沾喜。此時此刻，軍事硬體排名成為台灣人的支柱，法治排名倒退倒是其次。排名要爭沒錯，但不知大家有沒注意到，這些所有排名都是別人做的，很多還是比台灣體積小、排名不如台灣的國家做的。台灣人從不問，為什麼台灣做不出一個能得到世界引用的排名榜？我來提供答案：因為台灣只會做好學生、模範生，幾百年來從來不敢做一回逃學生，因此從來不知道自己也應該有個性，更別談以自己的個性來挑逗世界了。

表現在政治上，非常奇妙。不知你注意到沒，在台灣不論統派獨派、中派台派，想問題的方式都像是大公司下的子公司職業總經理思維，想到頭也就是子公司總經理的框框，差別只是心中所認定的母公司是誰罷了。有的認美國為母公司，有的認中國為母公司，還有的認日本為母公司。

如此，如何談主權和獨立呢？在現代國際體系中，真正的主權和獨立的基礎，應該是偏近一種創業者的思維，而不是偏近子公司總經理的思維。許多創業者都是逃學生，哪怕最後只能做成一家小公司；好學生做子公司、分公司總經理可以，創業多半淒慘，因為承受不了主權和獨立所帶來的責任和壓力。

繞了一圈，回到基本議題。美國現在借用台灣作為翹動中共一黨專政的支點，台灣願不願意接受？我的看法是，不接受是傻子。美中對抗的大局起因與台灣毫無關係，有無台灣島，美中都會落入對抗局面。而歷史和近況都已經證明，不接受的後果就是台灣落入中共手中。

更刁鑽的問題是：接受為支點的對價是什麼？子公司或分公司的地位？還是創業者的地位？做了一輩子好學生，台灣人這一次要不要逃一次學？

在美中博弈中，台灣是所謂的「關鍵少數」，關鍵少數是可以要價的。要價不能漫天，但也不可任人出價。知道自己不要什麼是很容易的，但是，知道自己要什麼卻是很不容易的。

台灣人「不要什麼」，已經再清楚不過了。當下的功課，在於跳出移民、順民、難民、遺民的心理狀態，擺脫舊情綿綿和舊恨綿綿，搞清楚自己在這一回「要什麼」，並「願意付出什麼」。

天下沒有白吃的午餐，但這道理是雙向的。你有支點，阿基米德有長桿，但「時機」（Timing）是最關鍵的。

▼事主台灣不動，難道等公親抬轎？

二〇二一年，中共政局的可能發展方向只會有三種：（一）習近平本人突破十年任期制度，直接或間接地鞏固了二〇二二年二十大後的領導人還是自己；（二）習近平爭取到接班人的指定權，接下來可進可退；（三）習近平暴露出其權力地位還不足以達到上述（一）和（二），中共政權的權力結構回到十八大前，前總理溫家寶二〇一一年所公開訴說的「亡黨亡國」境況。

如果只就中國命運論中共，上面這段話說了等於沒說，因為邏輯上本來就只有這三種可能。但是，如果就台灣命運論中共，這三種可能就有非常實際的後果差別了。

進一步論述前，必須重複過去兩年反覆提出的三個道理；這三個道理，一些人很明白，但多數人還不明白。若不明白這三個道理，事情是談不清楚的。

其一：東亞政局中，已經沒有許多台灣人還掛在口中的「兩岸關係」，而只有「第一島鏈區域安全網」關係、甚至「第一、第二島鏈兩鏈合一」的關係。任何僅從「兩岸關係」下手分析事態的論述，都是天真的、錯誤的。

其二：所有共產黨高層，無論其派系為「習派、江派、X派」，思維邏輯及行事的判準都是以下面的順序展開的：家族（派系）利益高於黨的利益——黨的生存有賴於國家的生存——國家的生存高於人民的生死。這套定式思維，可稱作「中共本質三定律」。

其三：共產黨的存亡，關鍵在於「美中之間的勢力較量係數」，其他都是小事。對台灣的政策，只是這係數公式下的一個參數，分量可大可小，完全視當時情況而定。對台灣的任何忌憚，都只是對美國忌憚的投影；對台灣的文攻武嚇，都只是在測試當時美國的底線。

容我不客氣地說，台灣當下還被框限在「兩岸關係」思維內的人，不論藍綠，都是因為所接觸的共方人士級別不夠高，因而陷入靠「對台工作」吃飯的低階共產黨員的話術圈套。

以這三個道理為前提，我們來看中共命運對台灣的影響。三種可能中，（一）和（三）對台灣是高風險的，只有（二）對台灣的風險較低。但別誤會了，無論結果是哪種，在美共對峙的大局下，台灣都已經被暴風圈包圍，差別只是距離的遠近罷了。不厭其煩再說一次，還在用「兩岸關係」說事的人，非愚即壞，比靠跳舞盼望天氣改變的巫師高明不到哪去。

第一種狀況對台灣高風險，因為習近平已被「報喜不報憂」者包圍，一旦證明自己可以再直接執政至少五年，就有可能進一步陷入無知的任性，如過往的慈禧太后以船艦噸位判斷成敗，相信北洋艦隊可擊敗或至少抵禦噸位較少的日本艦隊，因而冒進。

第三種情況對台灣也是高風險，因為在前述「中共本質三定律」的第一定律下，以民族主義保權保位保命，不惜攪炒對立派系的機率高度升溫。

只有在第二種情況下，習近平才會有猶豫迴旋的空間，剛剛換屆的美國政府也才會得到掂量事態的時間。這種情況下，台灣算是暫時進入暴風圈的颱風眼，一直到二〇二二年的中共二十大，那又是一個圖窮匕首見的時刻。

不論事態往哪發展，台灣有操之在我的餘地嗎？當然有的！那就是當世界「台灣化」（Taiwanized）之際，適時推出「台灣學」（Taiwanology）。

經過了香港、新疆以及病毒疫情三大事件後，全世界的國家都明白自己必須在美國為首的陣營和中共為首的陣營之間選邊站，而這種全球性的窘況，正是台灣已經歷練了七十年的境況。這種左右為難，在台灣就是家常便飯。

各國如何選邊是各國自己的事，但是，此刻正是台灣將自己的經驗國際化的良機，正如國際重視台灣的防疫經驗一樣，它們確實有需要，它們真正想知道。

疫情間台灣人人帶口罩，代表了台灣人對病毒厲害的認識水準，全世界的人都看到了。台灣曾經有過三十萬人手牽手環島一圈的景象，但我想世界少人知道。但是，如果台灣三十萬人手牽手環島一圈，表現台灣意志，每週做一次，三個月下來，想來全世界都會看到、知道台灣對另外一種病毒的認知水準。

當前形勢之嚴峻，已經到了台灣可以在「第一島鏈區域安全網」對世界和平重要性的概念下，直接提出、以條約形式加入東亞安全體系的地步了。這是世界安全議題，不是台灣的統獨議題。台灣是事主，自己不開口，難道要等公親來抬轎子嗎？

第二部

台灣如何破除對應戰的心理障礙

一、主體性是主權的基礎

▼台灣必須突破的「地緣宿命論」

台灣新世代當下的主流傾向是「本島思維」，一種「只要島內萬眾一心、什麼敵人都不怕」的迷魂信仰，而中年及老年一代，則不分政治顏色，更多是從「地緣思維」來思考台灣前途。循著地緣的邏輯思考，他們之中的絕大多數已經陷入了一種深沉的宿命感，覺得台灣身為緊貼著中國的一介孤島，再「自強」也難脫地緣的命運。身居社會棟梁的中老世代，即使贊成「台獨」者，大多數其實都已經做了「雞蛋不放在一個籃子裡」的兩手準備，或則家人已經「做出移民和脫產的動作」，或則已悄悄在中國投資，還沒行動者，內心也在盤算。

當然，還有為數也不少的人，不分世代，目前的價值是堅守本土，堅拒與中國交往，也沒打算出國避難。然而，除了堅守陣地、說NO之外，他們其實也沒有突破「地緣宿命」的動力，頂多只是相信當中共出現犯台意圖時，美國及日本會出面阻止或調停，但即使如此，之後呢？他們的思維中沒有「之後」，逼問到牆角，他們的答案是「維持現狀」。

台灣人陷在「本島思維」、「地緣思維」、「現狀思維」中，原地打轉（還有打架）久矣！因此，台灣社會作為一個整體，已經喪失了從「人類」的高度和「地球」的尺度，來思索、定位自己，世界觀越來越萎縮，直至落入「村落化」的深淵。

別誤會了，「地緣思維」還是國際政治、經濟關係中的基礎要素。政治上，二十世紀以來的主流就是「地緣決定論」，烏克蘭多難是因為它與俄國接壤，越南內心緊張是因為它緊鄰中國。美國為何最終決定繼續支持台灣島上的蔣介石？因為蘇聯史達林下令毛澤東「抗美援朝」，美國意識到台灣島的地緣重要性。

國際經濟上，雖然已經有了全球物流運輸系統，但是地緣依然主宰經濟。與美國接壤的加拿大、墨西哥，對美國的經濟依賴度都超過了百分之七十，而墨西哥的人口是台灣的六倍，土地是六十倍，加拿大的人口是台灣的一點五倍，土地是三百倍，連它們都擺脫不了「地緣引力」。並且，今天世界上的各種經濟結盟，如歐盟、東協、RCEP，都是地緣思維下的產物。

政治地緣上，台灣落入美中對峙的所謂「第一島鏈」內，經濟地緣上，台灣離開中國大陸的沿海發達地區不過兩百公里，而中國的人口是台灣的六十倍，土地是三百倍。世事如此，很明顯地，「本島思維」和「維持現狀思維」絕對抵擋不住來自中國大陸塊的地緣引力。這與什麼主義、什麼政治立場、什麼普世價值無關，就如蘋果往下掉和牛頓的政治信仰無關一樣。

既然這樣，為什麼瀰漫台灣中老世代的「地緣宿命論」還需要被拿出來檢視呢？這是因為，雖然「地緣論」主宰了人類幾百年甚至幾千年，但是世界上已經悄然興起一股「打破地緣」的力量，表現在政治、經濟、文化的各個層面上。其中細節，不是一篇短文所能涵蓋，需要寫一本專書，此處只能打一比喻：互聯網興起後，請問「地緣」為何物？「國界」為何物？「主權」為何物？「國家」的概念有無改變？Google如果關閉十天，其後果將比美「國」政府關閉十天還要嚴重；Line如果關閉十天，柯文哲就無法施政。如果你說Google、Line都是強國的產物，那麼你如何解釋愛沙尼亞（Estonia）冒出一個Skype公司，它是個百分之百落於俄國地緣圈、人口一千三百萬，土地只比台灣大一點點的地方。

台灣經濟固然受到「中國地緣」的強烈影響，但是，Uber 對台灣交通經濟的衝擊，和「地緣」有任何關係嗎？韓國大叔的「騎馬舞」狂掃全球，是個「地緣」現象嗎？台積電這個公司設立在台灣，是「地緣」的結果嗎？

台灣中老世代的「地緣宿命」心態，正是台灣二十年來政治、經濟、文化走不出去的最大原因；什麼困難都長嘆一聲地賴到「地緣」上，無視於世界潮流，害怕改變，不思進取。這純屬心理問題。

強大的地心引力使蘋果往下掉，萬年來都是如此，然而有進取心、有創意、鍥而不捨的工程師還是能做出火箭，擺脫「地心引力宿命論」。人類的「突破地緣」的列車已經啟動了，能否在意識上、技能上，搶搭上這股力量的頭班車，可能是台灣唯一的自我救贖方式。

▼台灣為啥找不到主體性？

如同地球上的許多地方，台灣是個地緣、人種、語言、文化雜交而形成的地方，但台灣社會至今沒有接受這個事實。台灣雖小，但由於特殊地緣，近代四百年來，幾大歷史基因於此混交：南太平洋原住民基因＋荷葡西大航海基因＋中華農耕帝國基因＋近代日本殖民基因＋美式民主基因。聽起來複雜，但這不過是地球的常態，比起歐洲國家，台灣單純多了。例如，今天通行世界的英文，在印歐語系中就是成形最晚、最為雜交的語言，而西班牙曾被伊斯蘭統治過七百年。

歐洲、美洲，老早就吸取了歷史教訓，承認了只有接受人種、語言、文化的雜交事實，才能形成「公民」概念，而公民才能組成現代國家。例如，在今天的「德國」這個國家，媒體界連「德國人」這個語詞都盡量不採用，而多以「德國」、「德國社會」等語詞進行公共對話。

但在古老的東方，人們在國家意識上好像還處在兩百年前，還在搞「純粹化」，中國如此，日本、韓國亦如此。奇妙的是，台灣明明是東亞的人種、語言、文化最為雜交的地方，卻假仙得把自己視為一個「自古（四百年）以來就怎樣怎樣」的地方，一些人急著「去中國化」，一些人急著「去日本化」，弄得中日戰爭還在台灣開打。另一方面，明明過去三十年間台灣的新移民家庭及後代總人數已經超過了一百萬人，已經占了台灣的百分之五人口，主流社會還對他們視而不見，好像把眼睛矇起來就可以停止人種、語言、文化的雜交演化事實。

一個拒絕承認這事實的國家，是不可能真正多元化的，也不可能找到主體性。由於拒絕承認現實，台灣陷在三種互不相讓的座標下：以本島為座標，以中國為座標，以日本為座標，不斷地內耗，就像盆子裡的一堆螃蟹，本來都可以爬出去，但相互拉扯之下誰都出不去。台灣若再不正視自己是個不折不扣的移民國家，開始承認、接受各種移民文化，以多元心態培育公民觀，恐怕將越來越找不到自己的主體性。

有人說，台灣找不到主體性，都是對岸壓制的結果。這話部分對，部分不對；對的部分大家都知道了，這兒談談不對的部分。任何有意義的「主體性」，都得基於對「我是誰」的徹底醒悟；個人如此，國家也如此。「台灣」是個地理名詞，「當代台灣人」就是在地緣歷史的不同階段來到台灣、願意在此定居、拒絕被非民選政府統治、認同在台灣的生活方式、自願向政府繳稅的這一群人，管他是原住民、新移民，來自閩南、河南、日本、東南亞或荷蘭。缺少了這認知，台灣這塊土地哪有主體性可言？有了這認知，主體性又豈是非台灣公民所可壓制的？

台灣多數人還沒意識到一個有關中國的事實，那就是：中國至今也還沒找到它的現代主體性！台灣如果能先於中國徹底醒悟「我是誰」，不但可以率先成為東亞的第一個混交演化而出的公民社會（而不僅僅是一人一票的社會），也可以協助（甚至迫使）中國找到它在現代世界中的主體性。

中國其實也擺脫不了地球的演化規律，它也是一個人種、語言、文化的雜交體，只是相對於歐洲的快速雜合，中國是一部慢動作的電影。近幾年來，中國的許多民間學者開始重構中國歷史，從人種、語言、文化的遷徙及撞擊來解構傳統的狹隘王朝史，頗有可觀之作。

慢動作的中國，過去的確具有結實的主體性，也就是綿延不斷的「道統」概念。然而在清末民初，那個主體性已被徹底挑戰。早年的國民黨政府和後來接手的共產黨政府，一直企圖在西方的「西伐利亞主權框架」之下找到中國的現代主體性，然而主權框架所能提供的不過是一個國家的門面，一張國際身分證，並不是內生的主體性。

事實上，中國在被允許加入國際「主權俱樂部」之後，並未在現代世界文明下認真思考「我是誰」，繞了一大圈之後，今天又繞回了清末民初的前啟蒙階段，國力固然猛增，但本質未脫「中學為體、西學為用」的套路，而沒有真正的哲學探底。一個找到了主權但找不到主體性的中國，就像一個只有肌肉而無靈魂的巨人，終歸是令人恐懼的。

在東亞區域之中，台灣得天獨厚，最有可能形成一個真正的多元公民社會，只要承認了「我是誰」，停止螃蟹式的內耗，主體性將不請自來、實至名歸。到時，韓國、日本都得來取經，中國豈能無視？

▼哲學探底才有台灣主體性

過去三年加上未來三年，可以稱之為台灣社會的「政治探底」以及「歷史探底」時期；但是，如果台灣不能開啟「哲學探底」的動力，所能造成的效果還只是對立性的，而一個處於對立狀態的社會，不但不可能找到主體性，連發展方向的最大公約數都捉摸不到。

從另一個角度切入來說，如果不同時進行哲學探底，當下年輕世代朗朗上口的「轉型正義」（Transitional Justice），不但可能達不到，甚至淪落為某種「缺乏正義的轉型」。

簡化來說，政治探底，追究的是我被誰欺負過，我是被怎樣欺負的？而歷史探底，追究的是我從哪裡來，這一路我是怎樣過來的，路上發生了什麼事？這兩種探底，都有其必要性，也有其作用性，但是，即使答案再徹底、真相再清楚，頂多也就達到「我從此不要做誰」的結論，而推論不出「我應該做誰」；這也就是說，政治及歷史的探底，雖是找到自身主體性之前的必要條件，卻不是找到自身主體性的充分條件。

歷史探底回答了「我從哪裡來」，但是回答不了「我要到哪裡去」；政治探底回答了「我走過哪些路」，但是回答不了「接下來我要選擇哪一條路」。這兩個回答不了的問題，都還需要一個更深的意識，那就是「我是誰」；只有哲學的探底，才能讓一個人意識到「我是誰」，只有當社會上過半的人意識到自己是誰並達成共識，所謂的社會主體性或國家主體性才能產生。

哲學探底，包括了一連串的「人應該如何」的發問：人應該如何生活，如何待人，如何面對自己，如何與他人相處等等。細細體會，所有的「高級理念」，都在這串簡單問題之中，如人權、自由、民主、幸福。殘酷一點地說，一個沒有哲學探底習慣及能力的社會，不管它高級口號喊得多麼響亮，它都是淺薄的、虛偽的，並且多半時候它需要一個實質的權威文化來維繫人與人之間的關係，而這個實質權威的文化或體系，一定是用高級理念來妝扮的。

值得注意的是，「高級理念」不只是人權、自由、民主，我們耳熟能詳的另一套高級理念就是集體、專制、民族，倘若虛心請教激進穆斯林派，他們一定也能說出一套他們衷心接受的高級理念。

大家都是人，但為什麼卻能導論出這麼多不同、甚至相互殘殺的高級理念？這又凸顯出哲學探底的關鍵性。一個只擅長於政治探底的社會（國家、民族、教派），最終只會得到冤冤相報的氣氛，而一個非常擅長於歷史探底的社會，只會知道自己不想要什麼，而不清楚自己要什麼，一旦進入一個前所未有的新處境，很容易就被威脅利誘。只有一個不斷進行哲學探底的社會，才能培養出定力及方向，也就是應變未來的能力。

過去四百年來，台灣沒有太多哲學探底的機會，因而也缺乏這方面的能力。近三十年來，台灣社會開始有了政治及歷史探底的窗口，並在晚近得到了充分爆發，一時之下還顧不到哲學探底這事。然而，倘若再不開始，等到政治、歷史探底的招式用老之後，可能就來不及了。

最後，值得提醒的是，哲學探底的啟蒙，一定是個人的，而不是集體的；任何人或團體，倘若宣稱他在進行「集體性的哲學探底」，那麼那過程絕對不是哲學，而是洗腦。對於政治、歷史真相的探底，由於工作量的龐大，就像科學研究項目，可以集體性地進行。但是，「我是誰」、「我該如何待人」這件事，聽聽別人意見可以，但結論只能由自己下。

個人若找不到主體性，社會就不可能找到主體性；妙的是，不但台灣，中國也適用這原理。

▼「西伐利亞主權困境」下的台灣

「主權困境」纏繞台灣已久。主權困境固然有極其現實的一面，然而它也是一種思維框架（MindSet）的產物。而，在當前世局演變下，尤其是二〇二〇美國大選後，人類對「主權」（Sovereignty）概念，將經歷一次徹底的檢討。這場檢討，可能歷時十年甚至數十年，但台灣得在第一時間就跟上腳步，以免到時愕然或猶豫不決。

從四百年歷史寬度來看（一六二四至二〇二四），台灣的處境是個「西伐利亞的主權困境」。荷蘭人登陸台灣之後的二十四年，也就是一六四八年，歐洲自身的政教生態與封建生態之間的鬥爭終於到了一個段落，簽下了西伐利亞合約（Westphalian Treaty），奠定了今日我們所熟悉的「主權國家體系」（State Sovereignty）。一六四八年，台灣島還是個懵懂的化外之處，事實上，隔壁大陸上剛剛入主中國的大清帝國對初生於歐洲的「主權」概念，也都完全無所認知，處於一種帝國思想和儒生「天下」概念的交互混沌期。

大清國的主權概念，是被西方逼出來的，或說打出來的。比如說，大清國下的台灣，頂多被「朝廷」視為一塊可有可無、屬己非己的蠻荒外島，但當時的日本已經西化，對「主權」的概念清晰，因此才會提出「割讓」台灣島的概念。大清朝廷覺得這樣很划算，原來本來自己就無法掌握的一塊地方，竟然還可以被「割讓主權」來平息威脅，真是太合適了。香港割讓給英國，也可做如是觀。甚至後來各地的「租界」，其實都可以這樣來看。

滿州人本來就沒有西方「主權」的概念，漢人儒生就更不用說了，只要能平息事端，讓你用用其實沒什麼了不起。所謂的「喪權辱國」都是後來比較了解了西方「主權」概念之後的事；至於什麼「民族恥辱」，更是在抄襲了西方民族國家概念之後發明出來的恥辱感，可以視為一種原先不懂、後來懂了之後的被耍弄感的代名詞。

不管你的祖先原來就住在台灣島上，還是後來因為種種原因來到台灣島上，今天你生活在台灣島上是一個活生生的現實。除非你決定不要這個島了，要移民到地球的其他地方去，否則你對於自身和這個島的關係，就不能不看清楚幾點歷史：

（一）今天世界上所謂的「主權體系」，不過只有四百年歷史，台灣島上的人在意識上是晚到者，對「主權」的意識頂多不過一百年。即使大如大清帝國，至死也對「主權」沒多少概念。後來的中華民國、中華人民共和國，對主權一開始也是一知半解。中華民國一開始還搞不清楚何謂主權，否則也不會發明什麼「中華民族」來企圖黏合人心。而中華人民共和國，剛開始根本就是蘇聯共產國際的一部分，「主權」也只是說說而已。

（二）主權體系起於歐洲，一六四八年的西伐利亞協議後，展開了漫長的領土邊界、誰應該被誰管的鬥爭，期間經歷了第一次、第二次世界大戰，最終妥協出相互讓渡部分主權的歐盟。

（三）美國是一群被歐洲搞煩的、來自歐洲的人所建立的，原先只是殖民地，後來主權意識越來越清楚，就不惜一戰而獨立了。

川普，不管你喜歡不喜歡他的作風，他實實在在地迫使美國人做出反省：究竟是「地球是平的」的全球化，還是老派的「西伐利亞主權體系」對美國比較好？地球走到這一步，這個「川普大哉問」其實是世界性的；美國得回答，歐盟得回答，日本得回答，有朝一日台灣也得回答。只要是在思維清楚下自己做出的選擇，且願意付出對價，那就是對的。

▼國格比國名重要

人格比人名重要，不知道你同不同意？以我自己為例，我可以明天就把我的名字改為「范美麗」，但那並不會讓我在他人眼中變得更美麗，或我也可改名為「范高大」，但那也不會讓我的身高提升二十公分。不論我改什麼名字，最本質的還是我的人格，人格不進步，改什麼名字都一樣。為人處事的方式不被別人尊敬，名字再氣派也沒用。名字，不是一個人吃得開吃不開、走路是否有風的要素。

同樣道理，一個國家的國格，遠遠比國名重要。台灣，糾纏於國名問題太久了，耗費了大量的精力，陷入了「國名情結」，以至於無暇追究台灣的國格。

讓我們誠實地自問，今天台灣內部大多數的難解問題，從黨爭到政策，是不是都直接、間接地源自這個「國名情結」？爭議不分性質、大小，最終總是會被不分青紅皂白地引導到與「國名情結」相關的情緒中？

台灣社會的大部分精力，應該盡快聚焦在「國格」問題上：台灣要做怎樣的一個國家？台灣要以怎樣的國格立足於世？你我作為公民，怎樣才可形塑國格？

當然，「國格」這概念，有如「人格」這概念，牽涉到方方面面。在社會萬象中，要樹立一個獨立出眾的人格並不容易，同樣地，要建立一種他人一眼就認出的國格也不容易。尤其以台灣尷尬的國際地位，需要一些腦筋急轉彎。

我個人認為，只要能打破「國名情結」，以台灣今日的既有基礎，國格問題會自然迎刃而解。其中道理，有如佛家所說的「放下屠刀、立地成佛」。把眼光放長來看，台灣其實只有兩個關鍵問題：一個是中共武力威脅的問題，一個是社會內部的「國名情結」心理問題。前者八成操之在人，後者百分之百操之在己。操之在人的七分靠打拚、三分靠運氣；操之在己的，若做不到只能算活該。

「國名情結」在台灣如此頑固，根本上是個心理問題：今天生活在台灣的活人，由於舊情綿綿或舊恨綿綿，不願意承認自己屬於一個命運共同體。容我把話說得再狠一點：請注意上面說的是「活人」而沒說「死人」，因為死人已經死了，不會陷入舊情綿綿和舊恨綿綿，還活著的，才是問題。

繞了一圈，回到重點：一個國家有沒有國格，最最基本的就是生活在這個國家的人有沒有命運共同體的意識。有這意識，才有國格的基礎，沒這意識，就沒國家，管它的名字叫什麼。

我們來做個簡單測試，看看你有沒有命運共同體的意識。請回答以下三個問題：

(一)你願不願意變成中華人民共和國的一部分？

(二)你願不願意被共產黨統治？

(三)你同不同意，以上兩個問題都回答「否」的人，和你同屬一個命運共同體？

我期待某個民調機構，用以上三個問題做一次全民調。這民調的結果，才能代表台灣的國格，管它國名叫什麼。其實也不需要做什麼民調，相信你自己就能達到結論。既然如此，那你為何還陷在舊情綿綿或舊恨綿綿的「國名情結」之中？大家都不是原始部落人，為什麼心理狀態那麼原始呢？

道理已經很明白了是不是？在這麼簡單的道理下，如果還裝糊塗，那一定是有原因的。原因大概不外乎幾種：你有既得利益不願意放棄；你想獨霸權力；你是騎牆派、不願意被歸類於任何命運共同體；或者，你天生是個獨立於世外的隱士。

基於以上，讓我們，尤其是年輕一代，一起來重新定義最關乎台灣命運的問題：國格先於國名，還是國名先於國格？依我個人觀察，很快地，台灣就會面臨這個問題。到時逼你回答的壓力會來自國際，台灣若到時還沒有一個基於命運共同體的回答，恐怕會耽誤了大事。

二、你只要認同X

▼你的認同對象是什麼？

以後在任何場合，只要有人爭辯所謂的「認同」問題，你只要問對方以下幾個問題，就可以刀切豆腐，使大家頭腦變清楚。

這幾個問題是：

（一）中華民國的實際控制領土有哪些？

（二）台灣（或者如果高興，台灣共和國）的實際控制領土有哪些？

（三）以上兩個問題的答案，重疊部分有多少？（答案只能是百分之九十五以上）

（四）讓我們把重疊部分稱呼為X，你我是不是生活在X的領土內？

（五）X是不是屬於美國的？X是不是屬於中華人民共和國的？還是屬於住在X內的兩千三百五十萬人的？

（六）生活在X內的人，是不是應該保衛X？

（七）最後，你我是否應該認同X？

有關認同的辯論這樣就可以結束了。X的政府是民選的，不喜歡可以換。X的軍隊不應該有「認同問題」，他們效忠的對象就是X，如果有人入侵X，他們為X而戰，天經地義。但是在頭腦不清楚的狀態下，這個問題就會變成「軍人是為中華民國而戰，還是為台灣而戰」。其他類似的漿糊問題還有諸如「你認同的國家是中華民國還是台灣國」？

你知道這類漿糊問題有多愚蠢嗎？如果不知道，讓我打個比方，如果你的名字叫「林大二」，你爸爸的名字叫「林大一」，有一天你爸爸為了某個原因改名叫作「陳大五」，有人問你「你還認不認同陳大五是你爸爸」或「究竟林大一還是陳大五是你爸爸」？你會怎麼回答？關鍵是你爸爸還是同一個人，還是你爸爸。你可以因為你爸爸的為人、性格、痛打過你，而拒絕認同他，於情於理，這一點問題都沒有。但是，如果你爸爸本質沒變、財產沒變，僅僅因為別人給他取了幾個外號或者他自己改了名字，你就因此不知道該不該認同他了，這不叫愚蠢，什麼才叫愚蠢？

然而這類愚蠢卻天天在台灣發生。選舉一來，上至總統、下至凡夫，智商都自動下降百分之三十，思辨能力瞬間滑坡百分之五十，聽到幾個名詞如「中華民國」、「台灣國」就丟掉一切教育和所學，膝蓋式反應井噴而出。敵人和對手比你自己還了解你，隨便要弄幾個名詞、幾句話，就能讓你像木偶一樣做出預期中的動作。

個人糊塗就罷了，但若試圖用諸如「認同中華民國還是台灣」、「認同台灣還是台灣國」話題分化台灣社會的人，管他是政客、媒體人還是退休軍方將領，都是「X的罪人」，沒有資格做X的公民，應該移民到其他地方去，包括美國或者中華人民共和國，沒有人或法律攔著他。

請記住，這個「X」就是我們的最大公約數，X軍保衛X人的生命財產安全，X人有義務依照法治原則剷除X內的不公不義，X人拒絕任何對X的武力併吞或制度併吞。這麼簡單的道理，還需要辯論？還弄不清楚？

我認同X這個最大公約數，你呢？如果你也認同，那不就結了？如果一個人不認同X的生活方式、或放棄了自己改變X制度缺陷的權利、認為生活在X中無價值可言，那麼地球那麼大，愛去哪裡去哪裡。

X的名字叫什麼？隨便你，在X領土上這屬於言論自由的一部分。但若一個人攻擊別人的言論自由、或影響社會治安，那麼就依法治理他，就這麼簡單。

回到文首的七個問題。有人對問題（五）的答案是X屬於美國，或屬於中華人民共和國，或屬於日本。這很令人氣惱，但這牽涉到複雜的歷史感情，感情這件事是沒法辯論的。我只能說，感情的歸感情，沒人攔著誰，單戀、痴戀、愚戀、死戀之事，乃人生常態，但若因此把心目中的「情敵」打傷或殺死，那就是法律治安問題了，非辦不可。

▼任何政黨都不等於台灣

二〇〇八年中共藉著舉辦奧運，正式告別了鄧小平的遺囑「韜光養晦」，進入了「大國崛起」的時代。在這個新的母戰略框架下，中共各方面的子戰略都隨之起了變化，靜悄悄地、一步一腳印地，中共各個方面的對外方針都微妙地在調整，這裡面就包括了對台戰略。

那時在中國已經生活了將近二十年的我，感覺有必要提醒已經喪失了理解中國之能力的台灣社會，因而在《經濟日報》開了一個專欄「台北京觀察站」，三年之後，該專欄的文字收錄到我在二〇一一年於台灣出版的第一本書《台灣是誰的》。

現在，中國已經不是當年的中國，台灣也已經不是當年的台灣，我感到有必要將同樣的顧慮，在新環境下再刷新一次。因為，現在的中國體積已經比當年大了三倍，來自內部、外部的壓力也大了三倍，而之前我預測的種種問題，已經一步一步體現，有些已經接近了引爆點。

在新形勢下，台灣社會也有必要翻新對中國的理解方式，才能趨吉避凶。本篇將著重在近年來台灣極少討論的兩個議題：中共對台的「內政化」策略，以及台灣社會將中國與中共兩者之間劃上等號的錯誤認知。

（一）從「兩岸談判」到「內政化」

二〇〇七至二〇〇九這三年是中共對台態度的分水嶺；之前的基調是「兩岸政治談判」，之後的基調是「把台灣當作一個已經被收復的地方，台灣事務內政化」。這個轉變是個溫水煮青蛙的過程，足足花了至少六年時間，大動作一直要到二〇一五年七月一日實施「台灣人免簽」、「台胞證晶片化」（相當於類身分證化）、「台灣法院判決結果可由中國法院在境內執行」三大政策之後，姿態才明確化。

但在三大政策出台之前，已經有了許多跡象，例如台辦人員把台灣當作「自己的地方」趴趴走，金錢、物資補助項目直接到台灣地方政府、農漁會等等。

民進黨上台後，中國將台灣內政化的動作並沒有減少，只是名義及方式更隱幽了，例如在「三青補助」項目下，補助台灣青年赴中創業、鼓勵台灣面臨失業的年輕學者赴中任職。此外，資助各種對中友好的協會舉辦宣傳性、旅遊性的活動，資助成立親中媒體，影響甚至主導台灣主要媒體的內容方向。可以說，中國對台灣社會、平民的「內政化」計劃已經全面鋪開。照此形勢，昔日的笑話「找馬辦不如找台辦」，演變成為「找蔡辦不如找中辦」並非不可想像。

二〇〇〇年民進黨第一次執政以前，中共對台灣的一貫立場是「國民黨等於台灣」，無論中共內部如何內鬥、台灣民意如何變化，中共對台戰略都保持一個基調：中華民國已在一九四九年結束，兩岸之間是國共內戰的遺留問題。

然而從馬英九第二任總統任期開始，中共逐步認知到「國民黨不等於台灣」，對台重心由「黨對黨談判」轉向對台灣平民下功夫。但是，由於中共幾十年來沒在「台灣學」上下真功夫，因而對台灣平民的柔性討好政策，還是不脫上述的「內政化」路線。國民黨意識到了這問題，因而奮力想奪回「國民黨等於台灣」的神主牌，自覺、不自覺地把中共對台灣社會「內政化」的種種懷柔，曲解為國民黨在兩岸關係上的成就。

若單單如此也罷了，國民黨內某些大佬在「末日心情」下，急急忙忙將自身的商業利益，順著中共對台內政化的動向，暗中綑綁到各種政策中，這才發生違反國際常理、連中共都感到不解的「服貿先於貨貿」談判順序，以及隨後的「三十秒強行通過服貿」

的鬧劇。

國民黨想魚與熊掌兼得，捍衛神主牌也同時獲利，結果是太陽花運動正式埋葬了「國民黨等於台灣」的神主牌。中共原先視貨貿協議為對台灣社會的「善意」讓利，不料在國民黨買辦型大佬的操弄下，變成（暗中綑綁了金融業條款的）服貿協議先行簽署。這，最終導致連貨貿協議都無法進行。

北京的善意全數變成了惡意，台灣青年世代的民意也開始全面反中，拉高了兩岸對峙情勢，北京也得顧及中國人民的情緒，只能劃清對台紅線——「一個中國，否則地動山搖」而一直至今。

（二）民進黨也不等於台灣！

我在二〇一三年發表了〈黨府不分，台灣就不是一個憲政國家〉這篇文章，指出台灣雖然打破了「黨國一家」體制，但若不繼續打破「黨府一家」體制，就還是一個具有一人一票的「政權」型態國家，而不是「政府」型態的國家。

二〇一四年，在《與中國無關》這書中，我說：如果有一天民進黨黨章也通過「總統必然兼任黨主席」，那麼台灣將成為一個徹底黨府體制的國家，台灣的民主進程就此打住。

二〇一六年台灣出現政黨輪替，蔡英文總統在民進黨國會過半的條件下，決定上任後兼任黨主席，她說：我說過的話，我當然自己要去承擔，那我們昨天的這個決定，主要是為了要去適應現在所要去面對的新的政治情勢。那現在看起來最適合做整合的人，大概就是總統兼主席的這樣的安排。

二〇一八年五月，中共謀台愈急，我發表〈打破「黨府一家」才是最好的國防〉一文，內言：「黨府分離」並不等同於「黨政分離」。即使在成熟的民主法治國家中，如美國西歐，黨和政都無法分離，也不應該分離……台灣現況則是不倫不類的「黨府合一」，也就是總統兼任剛性政黨的黨主席。這當然有歷史原由，始作俑者是「一黨專政」了幾近五十年的國民黨，在「一黨專政」體制被推翻了之後，國民黨保留了「黨府合一」這個要素以自保……「黨府合一」的荒謬，製造了多少荒唐事。事實上，近十年發生在台灣的所有社會矛盾和大型抗爭，若嚴格追溯始末，幾乎沒有一件和「黨府合一」脫得了關係；國民黨執政、民進黨執政皆然……民進黨能不能逐步跳脫國民黨遺留下來的「黨府一家」惡制，將定調民進黨政府是否為集權政府。在當前的世界大局下，台灣在民主體制上的大破大立，才能獲得人民渴望的世界地位，而世界地位才是最好的國防。

在台灣的憲政正常化一時還不可得的狀況下，黨府分家是一個最便捷的政體改革辦法。台灣社會現在呼籲修憲的聲量甚高，包括執政黨在內。然而，連這樣一個簡單的「總統不兼任黨主席」的步驟都做不到，還能奢談修憲？難道修憲之後，總統還要兼任黨主席、保持這個既非總統制、亦非議會內閣制的不倫不類的權力結構？如果修憲的目的之一是為了更佳的權力制衡，那麼一個簡單的中常會就能解構的惡瘤，奈何不就先做下去呢？國民黨在這件事上誤了國，民進黨接著誤國？真要等到兒女輩將來進門痛打老賊？

當下來到二〇二一年，美中對峙力道以光速升高，戰爭不再是國際媒體的禁忌話題，即使在慣於安逸的台灣，也開始不再是禁忌話題。道理上講，當務之急不在內政，現在並不是重啟「黨府一家」話題的好時機，再提，甚至是政治不正確的。

如果身為執政黨的民進黨在這國安凶險的當口，暫時放下「黨府一家」的推動力度，以利社會注意力集中至該集中的地方——未來六至十二個月的國家安全，那麼此時寫本文就顯得添亂了。然而，正是因為民進黨不分事態輕重緩急，選擇此刻在種種內政議題上強力表現「黨府一家」的威力，那就令人費解了。究竟是這路線背後有更大的戰略思維？或僅僅是因為權力的慌亂、為二〇二二地方選舉的超前部署？甚或是為了小團體和個人的保全？

國難當前，你看看立法院在幹什麼！立法院外，國軍正在追趕進度、執行會死人的漢光演習；立法院內，中了「黨府一家」毒素的委員，在進行不會死人的人咬人大秀[1]。這麼會打，是不是都該派去前線呢？我認為全體立委、全體總統府要員，都應該到歷次演習及訓練中喪生軍人的靈堂前下跪致敬懺悔。

陪審制還是參審制？監察院該立刻廢止／凍結？還是派遣特定人選拖延過渡？這些都是事關台灣民主真實化的核心議題。但決策的過程絕對不能再犯當年陳水扁、馬英九的「黨府一家」覆轍。

「黨府一家」是專制的餘孽，也是專制復辟的潛伏病毒。即使短期內為了應付外患而沿襲，那也應該聚焦於國安議題，而不應著力在引發內患的議題上。在修憲前，如何才能去除「黨府一家」的弊端和肥肉呢？太容易了，只需立法院在《政黨法》中加上一條款：政黨主席不得由行政首長兼任。問題是，你，有投票權的選民，懂得這道理嗎？

（三）中共不等於中國

二〇一六年我提出了這個命題，今日依然有效。一直要到二〇一九年，美國的川普政府才認識到了這個命題的重要性。現在看來，二〇二一年拜登的白宮團隊繼承了這個認識。

中共六十年來犯下的最大認知錯誤，就是「國民黨等於台灣」；由於這錯誤，中共從來沒有真正理解過台灣，認知上永遠落後於台灣的現狀一步，因而每一步政策的效果都適得其反。但是，現在中共算是認知到了「國民黨並不等於台灣」，而且，跡象顯示，它也開始避免犯下「民進黨等於台灣」的再一次錯誤。

相對地，台灣社會過去犯下的最大錯誤，就是認為「中共等於中國」，而且越來越

1 編注：指二〇二〇年七月十六日藍營女立委咬傷綠營女立委事件。

篤定。最明顯的現象就是，台灣社會，尤其是年輕世代，現在把中共對台灣的打壓和惡行，一律怪罪於中國人民。這個錯誤，將來會使台灣付出代價，正如中共過去在「國民黨等於台灣」信念下付出了它的代價一樣。

事實上，國民黨對於台灣，只是一個歷史階段中的現象；中共對於中國，終將也只是歷史長河中的階段現象。經過了近代歷史的教訓，中國人民腦子裡是有一個理想政府的念頭的，而中共距離那理想很遠，中國的絕大多數人民心裡是清楚的，甚至多數的共產黨員心裡也是清楚的。

雖然說今天中共已經是一個「大到不能倒」的專制政權，但是形勢比人強，要不它被迫自我改革，要不它等著潰散。今天，如果在中國做一次真正匿名的民意調查，詢問所有人民（包括共產黨員）：中共的一黨專政還能不能再維持三十年，我的觀察與判斷是，回答「YES」的人不會超過百分之二十。換句話說，在絕大多數中國人民對未來的憧憬之下，中共或許現在是一個「大到不能倒」的團體，但是中共並不等於中國的未來。

台灣社會已經習慣於和專制的中共政權打交道，其實沒有多少機會和中國人民打交道。但台灣社會必須開始有心理準備：遲早有一天你打交道的對象是中國人民，而不是中共政權。因而，台灣當下不區隔「中共」和「中國」的反中情緒是危險的，因為那把盆中的嬰兒和髒水一起倒進陰溝裡了。

中共是清楚這點的，因此它藉著台灣社會的反中，作為槓桿點，挑起中國人民的民族主義情緒，並定調為「反台獨」。就像二〇一二至二〇一六的國民黨一樣，中共正在想方設法保護「中共就是中國」這張神主牌。

其試圖用來說服中國人的基本邏輯是：台灣受到美國、日本的保護，只有中共才能擊退美國、日本，收復台灣。台灣越「反中」，就越會強化這套邏輯在中國人民腦中的強度。因而中共才得以動不動就恐嚇台灣社會說：不要與中國十三億人民為敵。

其實，事情完全可以不這樣的。台灣人只要看穿中共的統戰伎倆，不要被其「中共就是中國」的障眼法迷惑，清楚區分中國和中共，讓中國人民知道，台灣社會並沒有那樣膚淺，把中共當成全中國。

把話說的更直白一點，台灣社會已經被「國民黨就是台灣」這刻板印象愚弄了幾十年，難道現在還要被「中共就是中國」再愚弄幾十年嗎？台灣內部的許多政客，不管藍緣，都要為這愚民現象負起大部分的責任，他們之中的許多人明明知道禍首是中共，卻因為自身接受中共的餵食，或已有不可見人的把柄握在中共手中，因而不敢喊「反共」，而只敢喊「反中」，把大量無辜的中國人民拖下水，刺激中國人民對台灣社會的敵對心理，大大升高了台灣社會未來和中國人民打交道的障礙。這點，不可原諒、罪無可赦。

在中共持續進行「台灣事務內政化」的當下，台灣社會必須表現出對「中共不等於中國」的理解，並強調「國民黨不等於台灣」的事實；唯有如此，台灣社會才能夠得到中國社會的理解，並勾起中國人民對「為什麼台灣能夠使國民黨不等於台灣」這件事的追根究底。相信我，這才是台灣當下最好的防身之道，也為未來與中國人民打交道留下餘地。

▼台灣最大公約數：反共去統不反中

我察覺到一個新的台灣共識（最大公約數）正在成形，而且已經接近完成。雖然許多人還沒意識到這點，也還有一些人尚處在無感、或雖然有感但心理上拒絕的階段。

這新共識可以用三個元素的一句話來總結：反共、去統、不反中國平民。三元素環環相扣，構成了一個具有主旋律的直白命題：那些已經把台灣視為自己家鄉的人，已經把台灣當成一個與他方無涉的主體。

為了讓人們充分理解這三元素的意義，需要做一些進一步闡釋。我們這就開始。

（一）反共：台灣其實並沒有那麼反對自由的社會主義；事實上，台灣社會本身在日常生活型態中就含有明顯的自由社會主義的痕跡。但是，台灣絕不會容忍社會主義精神脫序到共產主義的地步。若然，那種社會主義就是敵人，沒有討論的餘地。台灣海峽彼岸的中國共產黨（ＣＣＰ），就屬於這一類。

（二）去統：在台灣，不但老一輩了解中共天天掛在嘴邊玩弄的「統一」，只不過是其用來維持政權、控制已經被洗過腦的平民的一種虛偽口號，而年輕一輩只會以荒謬視之。因而，此處並沒有用過去的「反統」一詞，而是用「去統」，表示了一種將「統一」概念徹底由腦中去除的意思。就像「大掃除」

的意思一樣，老早就該扔掉的東西就把它扔掉。

（三）不反中：指的是對中國平民保持中性的態度。過去三年間，包括我自己以及國際輿論，已經破除了那個存在已久的迷思——中共CCP就等同中國。情況根本不是這樣的。中共不等同中國，更不用說等同中國人民了。中共是一個具有九千八百萬黨員的巨大政黨，但那只是住在那塊土地上的十四億人當中的百分之七。

簡單的算數就可以呈現真相。對任何國家，如果僅占百分之七的人口可以在政治上完全控制百分之百的人口，唯一的可能就是實施殘酷暴力或通過暴力改變人的頭腦。中國平民本身就是受害者。其他的國家，不應該膝蓋反應式地把受害者視為天生就是邪惡的。因此，無論在心態上還是現實地緣政治考慮下，台灣社會都應該把「必反」這詞留給共產黨而不是受害的平民。

這才是台灣的最大公約數。然而，為了選票的政治人物及民調機構拖累了台灣。每年每月的民調都在問早已失效的問題：你偏藍還是偏綠？你贊成獨立還是統一？

這種自我設限或自我審查的問法，使得其他國家以為台灣是個分裂社會。台灣這種導致外人認為台灣是個分裂國家的作法，實在愚蠢。如果問對問題，台灣是沒有分裂的。例如，如果將「你贊不贊成獨立」改為「你反共不反共」，結果肯定是百分之九十八以上。

若問「你是反中國共產黨還是反中國老百姓」，前者不會低於百分之八十，後者不會高於百分之二十。

第三個問題：「你願不願意被共產黨統治」，保證結果是百分之九十九點九的「不願意」。

這就是新台灣共識、社會的最大公約數，應該向世界大聲、清楚、不含糊地說出來。

不信的話，可以用上述問題做幾次民調。而且我保證，在不久的將來，所有民主國家都會端出類似「台灣共識」的政策原則。

所以，台灣為什麼不這樣做呢？這可是台灣展示世界政治領導力的機會啊！

三、應該建立世界性的台灣學

▼世界已「台灣化」（Taiwanized）了！適時推出「台灣學」（Taiwanology）

二〇一九年十月，我在〈「亞洲第一村」能否進化為「台灣模式」？〉一文中，首度提出「台灣學」的概念。創此概念，為的是與傳統西方所慣用的「漢學」（Sinology）有所區隔。因為，我認為台灣的歷史雖然短，但其特殊的歷史經驗以及民主的掙扎史，已經足以構成一門獨立的學科。現在僅僅八個月後，由於香港現象和病毒疫情，「台灣學」越來越呼之欲出了。

在該文中我寫道：「近代台灣長期被國共封鎖，因而氣度難以恢宏，面對世界時習慣自我中心、坐井觀天，思維傾向兩極化，略有小成即自喜，近十年來的新世代已有明顯改善，但距離高度文明的中心，坦白說，還很遠。然而，缺點的另一面往往是優點；在支撐西方斷續前進數千年的文明當下出現剝落現象的時刻，台灣這個『移民、殖民、難民』混合體之中卻有一種簡單樸素的基因變種（過去有專書論述，此處不贅）。假以時日，成為未來世界新文明幹細胞的一部分，並非不可能，但前提是台灣自己得懂得掌握機會、自覺提煉。這功夫，我稱之為『台灣學』（Taiwanology）。」

為什麼當前是開始整理、研究、推出「台灣學」的好時機？因為，世界已經被「台灣化」了！初看這概念很跳躍，容我說明。

除了上段引文所述，台灣還有一個雖不敢說世界僅有、但絕對是世上少有的經驗，那就是長達七十年不變的三明治夾縫生存經驗，不但沒被夾縫壓垮，還得以發展出民主自由的苗子。地球上被強權擠壓的國家和地區很多，但是，在絕大壓力下長出民主自由的地方卻少之又少，猶如岩石縫中竟然長出小樹，令人驚嘆。

台灣小樹原本是很孤獨的，夾在兩塊巨岩之中，一塊叫中國，一塊叫美國，往右長一點，碰到中國的岩壁，往左長一點，碰到美國的岩壁。兩塊岩石間沒有土壤，生長只靠陽光和雨水。這種境況，姑且稱為「台灣的困境」。

但是突然間，就在一年左右，大地發生了大地震，所有其他茂盛的樹，即使具備了比台灣好上百倍的條件、即使離台灣很遠，也瞬間落入了台灣似的困境——必須在兩塊岩壁中求生存，這讓它們措手不及。此刻，「台灣學」就益顯珍貴了，只是台灣人自己還沒看到自己為何珍貴，而其他國家也還沒看到台灣這一個過去被它們忽略的夾縫國家可以供它們取經。

大地震接連來了兩場：全球病毒疫情的追責，以及北京強推香港版《國安法》。這兩場地震，使得全球兩百多個國家同時落入了「類台灣困境」——美國和中國，都要求各國選邊站！哪怕是歐盟各國、英國、日本這樣的大國，也得選邊。不選，美國不答應，中國也不答應。

對任何國家，這都是個世紀抉擇。而對台灣，在這兩塊岩壁之間掙扎的經驗，已經有了七十年，可以算是「老師傅」了。各種利益衡量、因之而起的社會衝突、心理的調適過程，台灣都經歷過了。什麼疑難雜症、難看的場面、難聽的指責，台灣都扛過來了。若言「台灣學」，這種夾縫經驗，其實是很重要的一部分。

台灣若要進一步國際曝光，此時此刻是個百年難逢的機會。除了搭疫情經驗的便車，其實還有一輛更大的政治便車可搭。組織一個「台灣學 Taiwanology」的國際宣傳項目，推出一個說帖，標語就是大大的「You Are Taiwan Too!」直統統地對各國政府、議會、大企業指出，台灣是夾縫生存的老師傅，願意分享各種經驗。這將比英國分享脫歐經驗，更有價值，更有急迫性。

年初大選期間，有十幾個國家的電視台派員來台報導選舉。其實，他們都沒意識到，吸引他們前來的其實不是選舉本身，而是背後那個呼之欲出的「台灣學」。我就對來訪的捷克電視台及法國公共電視台的記者說，你們的視角太狹隘了，台灣真正值得貴國深究的東西叫作「Taiwanology」。

有系統地向國際推出「台灣學」，是時候了，各國都需要前來交流考察，機不可失啊！

▼為台灣學（Taiwanology）釐清範圍

最近發表了兩個概念：（一）世界已經「台灣化」（Taiwanized）了，（二）推出「台灣學」（Taiwanology）已經刻不容緩了。這兩個概念，其實是有內在邏輯聯繫的，但形成的時間有三年的差距，有必要還原一下場景及規範一下定義的邊界，以免漫無邊際，有違原意。

三年前，面對一位專事研究台灣（Taiwan Studies）的歐洲學者，他告訴我一個困擾，就是在歐洲很少人知道台灣，而他對台灣所做的研究論文，在發表時都被歸在浩如煙海的「漢學」（Sinology）一類，抹煞了他的研究特色。我當時就建議他以後使用「台灣學」（Taiwanology）一詞，以做出區隔。但他在歐洲學者一貫的嚴謹習慣下，認為自己的研究深度還不足以擔當「台灣學」的歐洲鼻祖，因而作罷。

但是，自那時起，我就在台灣內部不斷私下宣揚「台灣學」的概念，因為還有另一個原因：多年來我眼見嚮往民主的中國朋友，來台旅遊時都致力收集台灣民主化過程的資料、甚至大量的文物（包括書籍、旗幟、宣傳單、照片、某些人抗爭時所穿的衣物、鞋子；真的，不騙你）。他們的視角與歷史縱深，往往比台灣人還要客觀深入。這讓我意識到，台灣若跳脫不開「以自己為中心」的台灣論述，將來一定會被一套「從世界角度出發」的台灣論述所取代，而且極有可能不產自台灣。

二〇二〇年出現了兩個契機：一件是起自武漢後傳播全球的病毒疫情，一件是北京強推港版《國安法》。這兩件事對地球既有秩序的嚴重干擾，我已有無數專文解析，此處不贅述。兩件事帶來的新體會是：世界已經不知不覺地「被台灣化」了。此話何說？台灣夾在美中兩強起伏跌宕的戰略縫隙之間，相當於在狹窄彎曲起伏的山道上開車，長達七十年未翻車，可算是老司機、老師傅了。不但如此，過程中還發育出了難得的民主自由小樹，這種夾縫經驗，無論正面的還是負面的，都值得客觀地濃縮為一套「實驗報告」。

台灣海隅一小島，原先別人不見得稀罕這份「實驗報告」，但是，由於上述的兩件大事，當前地球上幾乎所有的國家都落到了「被迫在夾縫中求生」的台灣式處境：你不選白宮，美國教訓你；你不選中南海，中共教訓你！接下來三個月到半年，這種事態會越來越明顯。以封面故事著名的英國《經濟學人》週刊，倘若某期出現「The World is Taiwanized」（世界被台灣化了）這樣的標題，也不會令人意外。

因此，「世界被台灣化了」和「台灣學」這兩個生日相差三年的概念，當下產生了有機的結合而成為了兄弟，也是很理所當然的事。「台灣學」原來是個可以包山包海的概念，從台灣的文化到健保、未來的願景都可以包進去，但是，這樣未免太泛了，也很容易落入自己膨風的誤區。然而，如果把「台灣學」定義在「列強夾縫中求生並內生民主自由」的範疇內，台灣就可當之無愧、臉不紅心不跳地向全世界宣傳，管你是美國、中國、日本、英國、法國、義大利，還是中東、東歐、非洲、索馬利亞。

在這範疇內，「台灣學」是世界性的，與文化、語言、人種、生活方式無關，只要一個區域的人，進入了三明治的夾縫處境還依然追求自主性，那麼「台灣學」就有值得他參考的價值。若談世界接軌、文明交往，還有什麼比這更具有普世意義的呢？

多說一句。「台灣學」不能落入「從台灣看世界」的自我中心老毛病，而一定要有「從世界看台灣」的高度及氣度，不自憐、不自戀、也不膨風。世上苦人多，但苦人也都不傻；人們分辨得出自重和傲慢。

第三部

台灣準備好了嗎？
懼戰、避戰、備戰、作戰

一、台灣人懼戰嗎？

▼戰不戰？一個保證破壞氣氛的問題

一場四十、五十歲男女的餐會上，什麼樣的問題可以保證現場氣氛頓然凍結，主人客人皆尷尬，而且沒人接得上話？試試這個問題：各位願不願意讓自己的孩子為保衛台灣而流血？

現在換成一群六十、七十歲的男女，題目由「孩子」換成「孫子」，你猜結果？

你問過自己這個問題嗎？這可能是全台灣人最忌諱的問題，誰經常問，誰就會被拋出社交圈外；即使在家中，也會遭白眼。

現在說三個真實的故事，都是我的親身實驗。在一次聊天中，我向一位做過市議員的三十歲年輕女性提出這個問題：如果中共傘兵落地，而妳身旁有槍，妳會不會拿起槍保衛台灣？她沉默了幾秒鐘之後，對我說：我建議你以後不要向台灣的年輕世代提這個問題。為什麼？我問她。這次她不用思索、電光一樣快地回答我：因為如果你問他們，他們會恨你！

我也吃驚了。不喜歡被問這問題很自然，但怎麼會到「恨」的地步？

過一陣子，在一場嚴肅的討論中，我對一位雖然才二十七歲但已經江湖經驗老道的研究生，男性，發出同樣問題：你會不會拿起槍保衛台灣？哈哈，我又吃驚了。他考慮了一會說：那要看美國的第七艦隊那個時候在哪裡，如果離台灣很近，我就打，如果離台灣很遠，我就跑。

看到這兩個案例，你有什麼反應？這兩位的反應，在你的反應範圍內嗎？如果你還沒感到意外，那麼我再講第三個案例。這次，二十三歲，女，剛大學畢業。聽完我的問題，她睜大美麗的雙眼望著我發呆，我以為她沒聽懂，就再複述了一遍問題。她這才開口，說：你問的問題不可能發生啊，如果中共要動武，一定是先派無人機過來掃射，怎麼會有傘兵呢？聞言我哈哈大笑，世代差距果然存在。

三個故事說完了。你如果把這當笑話聽，那就讓我們來設想一個情況，看看還好不好笑。現在，把發問對象換成二〇二〇年總統候選人，管他／她代表哪一黨或藍綠統獨，你猜他／她們會怎麼回答？管他／她姓蔡、姓賴、姓吳、姓朱、姓王、姓張，還是姓柯、姓韓？

如果在美國總統大選中，候選人被問到這個問題，管他／她姓川普、姓歐巴馬、姓克林頓還是姓桑德斯，你覺得他／她們會繞著彎子迴避這問題嗎？

我建議在台灣二〇二〇總統大選的公開辯論會中，一定要把這問題加進去，而且是用ＹＥＳ／ＮＯ的是非題方式，而不能用申論題打混：不管為了什麼原因，如果中共武力犯台，你會不會讓你自己、你的兒女、你的孫兒女，參加戰鬥保衛台灣？雖然我已經知道，台灣的各黨派、政府的中選會、各主要媒體，都沒有種敢接受這個題目。

我甚至懷疑，讀到這裡還沒生氣、還不「恨」本文作者的讀者，數量並不太多。

如果全台灣的人都在迴避這個問題，那麼台灣的「國家定位」議題，過去幾十年究竟在鬧什麼？

如果一百年前被定位為「怕死、愛錢、愛做官」的台灣社會文化，經過了這一百年，還加入不了一點點「賽德克巴萊」的精神，那我建議修憲，規定只有純原住民才能參選總統和立委，或新進從越南、印尼移民過來的公民也可以考慮。

如果一條流浪狗，連續被三個主人拋棄，還沒意識到自己必須改變成一隻狼，那麼，是不是活該做流浪狗？

據傳，當年八國聯軍攻進北京城時，聯軍統帥瓦德西大惑不解，問說：為什麼北京人不抵抗，男人寧可上吊殉國，女人寧可跳井自殺，也不拿起家裡的菜刀幹掉我們一、兩個士兵？大哉問！

哎呀，我是不是破壞了大家的心情，真是罪過！

▼談台灣人的血性

一個血性不足的國家，幾乎注定就是被用來統治的。喔，說錯了，正確的說法應該是「一個血性不足的地方」，因為，血性不足的地方很可能根本不會成為一個國家，永遠只是一個地理名詞罷了。

血性，指的是被欺負時的反抗指數（請注意是「被」欺負），權且將其強度劃分為零級到十級，零級是忍氣吞聲還滿臉堆笑，十級是加倍奉還。動物都有血性，貓有、狗有、狼有、虎有，人也有。血性零級的肯定屬於寵物一類，血性十級的一般稱為「猛獸」，在人則可能是「勇士」。

血性內有基因的成分，但也有社會養成的部分。例如，虎種的天然血性可能是十，但是從小在人類家庭中與嬰兒一起養大的虎，雙方成年後可能親如兄弟。血性與文化之間的關係，相信學術研究有不少，但是我寧可用常識來理解它對人生、對社會、對國家的作用。

滯美的無國籍史學家劉仲敬先生曾被問到：中國如果有一天民主化了，有沒可能出現美式的民主制度？他一針見血的回答是（大意如此）：美國的華盛頓出身莊園主，帶領的都是民兵，美國的傳統是人人背上揹著一把來福槍，因此形成自治的而且彼此制衡式的民主。而，中國的傳統是人人背上揹著一把拖把，因此中國不可能形成美式的民主。

這，就是血性強的文化與血性弱的文化之間的差別。台灣早就有了一人一票、近乎泛濫的言論自由，然而法治還多半停留在一九三〇至四〇年代的框框下，西方民主常規的行政、立法、司法三權分立的邊際線也模糊不清，先射箭再畫靶的事件年年有、月月有，台灣社會也就這樣日月悠悠地湊合著過了幾十年。那麼台灣是個「民主」國家嗎？那就看你腦中的「民主」概念長什麼樣了。

換個方式問，台灣人背上揹的是「槍」還是「拖把」？台灣人的血性，從零到十，強度是多少？你自己呢？

由於地緣因素，台灣作了幾百年的「基地」——貿易基地、殖民基地、反攻基地、生產鏈基地、第一島鏈基地，凝固了一種「基地文化」，這種文化是懲罰血性的。對血性的懲罰，在今天的台灣還無所不在，教育中、法規中、家庭中、政府組織中。

雖然比起幾十年前，台灣的血性刻度有所提高。但以性質分類來看，台灣人的血性具有以下特徵：

（一）台式血性勇於表達情緒，怯於以行動改變現狀。例如，台灣雖然言論自由，但多屬嘴砲自由，不信你看媒體就知道，尤其是所謂的社交媒體。嘴砲的強者，不一定就是行動的強者，事實上，還極可能是體制的隱忍者。

（二）台式血性還多停留在「說NO」的階段，還未進化到「說YES」的階段。這點需要一些說明。以近代的女權運動為例，七〇、八〇年代時的女權運動，主訴求還只基於「我不要」——不要男人強加的價值、不要被視為弱者、不要這個、不要那個。一直要等到新世紀，女權運動才演化到懂得說出「我要這個、我要那個」的說YES階段。不知你察覺沒，台灣的血性強者還不自覺自己還是個說NO者。

（三）台灣的血性不足，是隱藏在「和平」的「高大尚」口號下的。台灣社會不願去辯論「和平」的底線，因此多數台灣人不知道在何時、何種條件下流血是正當的甚至是必須的。例如，很多台灣人在面對「作戰」這個議題時，寧可相信自己人用不著流血別人就會來代替台灣人流血。再如，台灣羨慕芬蘭今天可以和平選出三十四歲的女總理和年輕內閣，卻不願報導一戰以來芬蘭人打過三場自衛戰且幾十萬人流血才得到今日狀態，更不知道芬蘭的女人驍勇善戰，擁有全世界最高的女兵比例：百分之二十七點五。

有關台灣人的血性，還有許多可談的，限於篇幅，留待下次吧。這裡只想再次重複一下本文的第一句話：一個血性不足的國家，幾乎注定就是被用來統治的。

▼不要做只會遊戲的屁孩和屁佬

這是一篇可能傷及無辜的文章，若被流彈打中，我先在此致歉，但由於台灣社會對自身處境麻痺的人太多、活在僥倖心理中的人太多，有些話實在不能不大聲說。

在匿名時代，十七歲的人很容易就變成屁孩，用打遊戲和喝奶茶麻痺自己的青春。但同樣地，在匿名時代，七十歲的人很容易就用「頭腦裡的遊戲」和泡烏龍茶麻痺自己的晚年。

你以為自己已經長大了？那麼為什麼只知道遊戲中死多少人是怎麼死的，不知道地球上死多少人是怎麼死的？

如果阿富汗戰死多少人、敘利亞戰死多少人跟你無關，那麼哪一天台灣戰死多少人為什麼就跟世界有關？你把別人當皮影戲，那事情發生在你身上的時候，別人為什麼不能也把你當皮影戲？

你說台灣又不是阿富汗、敘利亞，我說那你就是種族歧視者或小島大國沙文主義者。

你說台灣又沒有要去殺別人，別人為什麼會來殺台灣人？你認為只要台灣沒有犯人之心，別人就不會有犯台灣之心？我說那你就是天真的屁孩或屁佬。

你長輩或同輩可能告訴你中國人不會殺中國人，那你那長輩或同輩就是歷史的無知者，三千年來我們所比鄰的東亞陸地的歷史就是一部中國人殺中國人的歷史。而且，你確定你是中國人嗎，別人把你當作中國人嗎？香港人被當作中國人嗎？

你可能忘了或者根本不知道日本人曾經殺過十幾萬或幾十萬台灣人，而且我相當肯定你大概不知道美國人在台灣還屬於日本的時候殺了十幾、幾十萬台灣人。知道了這些後，你在打遊戲和喝奶茶之餘，可以想想你還要不要做台灣人？你願意付出多少代價做台灣人？

你看到香港的情況頗有感觸，但你卻不覺得那是你真實生活中的一部分。難怪了，香港才離台灣一百公里，你都沒感覺，那還拿幾千公里外的敘利亞來問你，那不是吃多了？

你不知道香港究竟死了多少年輕人，你也不想知道。那我告訴你，哪一天台灣死多少人，你也不會知道，因為你根本不懂得如何去知道。你說台灣怎麼可能變成香港？那我要告訴你，你就是一個對自己歷史、對人性險惡毫無真實感的人，你對真實世界的判斷力可能還比不上你對遊戲世界的判斷力。

你說台灣又不是那些動亂地方。好吧，可是這有點像一個坐汽車的人看到被撞死的摩托車騎士說：我又不是騎摩托車的，我有最先進的車體保護。但，你沒聽過汽車車禍死人嗎？

你的血性都用到哪裡去了？一點一滴用在遊戲中的殺人和破壞過程？還是你至少有做幫派小弟、敢動真刀真槍的勇氣？那我問你，有一天敵人部隊出現在真實街角的時候，你會如何反應？

如果你是憎恨流血、反對戰爭的覺青，那好，請問你懂不懂什麼叫甘地主義？有沒有甘地的不抵抗精神？有沒有耶穌被打左臉送上右臉的本領？

如果你相信抵抗外敵是政府的責任，與你無關，那你的稅就白繳了。（OOPS，你有繳稅嗎？）繳稅是一種生活在一個共同體內的權利，不是義務。選擇做這個共同體的一分子，因此你繳稅，就像你選擇去看這場演唱會，因此才買這場演唱會的門票。既然你買了票參加，你的參加方式就是這場演唱會是否成功、是否值得的一部分，而不是死死靜靜坐在那邊要求表演者表演好、主辦方辦好。如果你沒打算參與這場演唱會，那你乾脆不要進場好了，你有權利選擇你高興參與的演唱會，錢在你的口袋裡，腳長在你的身上。

喔，對了，投票正如繳稅，是一種選擇生活在一個共同體內的權利，不是義務。下雨了天熱了就不投，那或許你該選擇離開這個共同體。票投不下去的人，不應該選擇待在家裡，應該選擇吶喊或上街。

如果你看了以上也無動於衷，那你就繼續打遊戲或做你的事吧，反正說到底做什麼樣的人是你自己的事。不過只要記得，做一頭從眾的羊還是做一匹警覺自主的狼，也是你自己的選擇。

▼首戰即終戰？考驗你的頭腦

這是一篇寫給普通人看的大白話文章，有強烈政治立場的人不宜看。但即使是普通平民，如果你抱持以下的信念之一，那麼本文其實也沒必要讀了。這些信念包括A、B、C三組。

A組：（一）首戰即終戰，只要中共武力攻台，台灣一定被拿下；（二）只要台灣馬上以「一中各表」爭取中共認同，中共就不會武力攻台；（三）中共攻台，美國百分百不會（或不敢）介入。

B組：（四）戰事不會發生在台灣，因為以中共的實質戰鬥力，根本不敢發動渡海戰爭，而非渡海戰爭的攻擊是沒有意義的；（五）中共攻台，美國百分百會立即馳援；（六）中共如果對台動武，結果一定是自己垮台。

C組：（七）神靈和媽祖一定會保佑台灣不捲入戰爭；（八）即使發生戰爭，台灣也不需要死人，因為別人會來替台灣死。

如果你深信A組，那麼你應該做的動作就是立即赴京向中共輸誠，或立即移民逃難。如果你深信B組，那你就應該老神在在，自保即可。如果你深信C組，那你就可以繼續歲月靜好地喝下午茶，該幹嘛就幹嘛。

除了A、B、C三組，還有D組嗎？有的。D組可以這樣形容：避戰要積極，但是備戰必須比避戰更積極；選擇住在台灣，就有義務挺身保衛台灣；戰爭會死人，不死人的戰爭叫作投降；若希望其他國家在戰時成為盟友，自己必須提供讓別人願意成為你盟友的理由及好處，天下沒有白吃的午餐。

我不知道你的感覺如何，但我感覺台灣當前充滿了分不清A、B、C、D的人，許多人一會是A，一會是B，隔了一天又變成C。從言論自由、思想自由來講，做A做B做C都沒有問題，但是當面臨巨大變局時，我認為只有D才是對自己、對家庭、對社會、對國家的負責態度。

打個比喻或許更容易理解：氣象雷達發現一個超強超大颱風正在距離台灣五百公里的海面形成，A認為反正是颱風，登台了就一定片甲不留，B認為颱風會轉向，即使不轉向也會有一股反向熱氣壓把它中和掉，C則認為台灣有媽祖保佑，只會有驚無險。唯有D開始固定門窗、備糧備水、積極和左鄰右舍談互助條件，並做好災後重建的心理和物資準備。

請問，如果你把我當朋友，你是希望我是A、B、C還是D？你希望你社區內的人屬於A、B、C類，還是D類？

那麼你自己呢？你覺得你的朋友、你的社區，會希望你是A、B、C、D中的哪一類人呢？

當然，颶風是自然現象，沒有意志，而台灣面對的武力威脅，卻是有意志的中共。因此，在談完台灣的A、B、C、D後，有必要對北京說幾句話。

在此衷心地奉勸中南海，收起你動手台灣的念頭，停止你對台灣的武力恫嚇。這並不是因為台灣很強很大，也不是把你看成紙老虎，亦非出於人道關懷。這完全是在為你分析利害。

利害的關節，就在本書所分析的「美國借名片論——Taiwan還是R.O.C.？」。再往前進逼，等於就是為美國創造向台灣借名片的速度。一旦發生，倘若借的是「Taiwan」這張名片，那你只會丟「面子」，但倘若借的是「R.O.C.」這張名片，那你連「裡子」都會丟掉。言盡於此，相信聰明人都聽得懂。

另外，請約束你的智囊們，不要再提什麼「首戰即終戰」了。因為，在區域的大局勢下，實現「首戰即終戰」的唯一可能性，就是你相信你部署在台灣的內應已經充分及完備了，有人開門有人帶路，好像當年打敗國民黨一樣。但是，今天的台灣，已經不是蔣介石的台灣了。老是說「首戰即終戰」，不但不智且洩漏情報。

▼戰爭的定義及和平的對價

戰爭對台灣是一個實質的威脅，但在台灣討論戰爭卻是一種禁忌、一種失去朋友的最快方法。事實上，本文的第一句話，寫出來就已經政治不正確了。

「戰爭」兩字成為禁忌，我想主要的原因是它會讓人聯想到流血和死亡，而這兩者直接觸犯了台灣社會的主流價值觀——安定及長壽。迴避禁忌語，替代詞就是諸如「國防」、「國家安全」、「追求和平」等等迴避現實的抽象詞。但事實上，「會不會打仗」是所有台灣人都在問的問題，只是怕被別人視為政治不正確或膽小，而寧可把憂慮藏在內心最深處，導致社會無法理性討論。

這種對戰爭不敢討論、甚至想都不敢想的心境和語境，以及其帶來的政治氛圍，我認為正是台灣國防的最大缺口。任何敵人，只要掌握到了這個缺口，就可以不費一兵一卒收服台灣。這個道理，以當下大家最熟悉的病毒疫情為比喻，最容易理解。所有國家防疫的成功度和失敗度，都跟是否隱瞞真相、是否迴避事實這兩個函數直接相關。台灣這次防疫算成功，但讓我們問一個問題：台灣政府和社會，是否有和面對病毒時一樣的勇氣，來面對戰爭的威脅？

由於忌諱，台灣目前對「戰爭」這件事的主流論調有兩種。其一，相信台灣只要不惹北京，就不會有戰爭。其二，相信台灣只要落入戰爭，白宮就會義無反顧地馳援。

這兩種論調，其實都於事無補。因為，第一種種論調者大多迴避了「和平的對價」這問題，而持第二種論調者大多迴避了對「戰爭」的定義。

天下沒有白吃的午餐；「和平」是有對價的。請問，「和平第一」論者，願意赤裸裸地面對「對價」這問題嗎？列出來、寫下來，讓社會來面對、討論。應該問的至少有以下幾項：（一）你有沒有對和平的底線？（二）底線是什麼？唾面自乾？刀到脖子才反抗？不流血原則？（三）台灣單方的和平底線，是否足以防止戰爭？

另一方面，也有幾個問題就教「白宮必援」論者：（一）什麼才算「戰爭」？擊毀一架戰機、一艘戰艦，算不算？戰爭的層次太多了，從武裝騷擾／製造內亂，到航線封鎖，到奪取外島，到軍事癱瘓，到基礎設施破壞，到局部登陸占點，到全面登陸，哪個層次才符合你對「戰爭」的定義？（二）台灣自己得先流多少血（死亡多少人），美國才會抵死防禦台灣？一人？十人？百人？千人？萬人？如果妄想台灣一滴血不流，美國大兵就先來替台灣人死，是否太天真了？（三）如果流血的是你自己或親人，你願意嗎？「Yes or No?」

這篇文章，不是隨意下筆的，而是三年來與無數政界人士、社會賢達、軍方人士、社會菁英、青年朋友交流「戰爭及流血」這個話題，卻吃了好幾驚之後，覺得台灣不能再不點破問題了。如前所說，迴避問題的心境、語境、氛圍，就是台灣國防的最大缺口，而這個缺口是再多的硬體預算、再多的保證、再多的政治宣傳，都無法補上的。

抱歉直話直說，台灣各界無論持什麼政治立場，如果不願、不敢公開理性地討論「戰爭的定義」以及「和平的對價」這兩個議題，那所謂的立場都不過是在掩耳盜鈴罷了。惡事若不幸發生，那將是「迅雷不及掩耳盜鈴」的態勢，現在不做理性探討、誠實面對以上所提出的幾個問題，臨場才隨機應變求自保，應該是來不及了。

▼「和平」是台灣的底線嗎？

我的青年時期在新加坡度過四年（一九六九至一九七三）。新加坡小國寡民，當時只有三百多萬人民，北邊有人口大它幾十倍、土地幾百倍的馬來西亞，邊界只有幾公里的柔佛海峽，西邊有人口大它一百倍、土地大它近千倍的印度尼西亞，距離一百公里左右。

雖然身處兩個有敵意的國家之間，像是夾心餅乾，經濟條件薄弱如雞蛋殼，但是新加坡政府咬牙強調十八歲以下青年的最主要任務就是教育和學習，徹底採取英國學制，從制度到教科書，從通識到就業技能。十八歲是新加坡男孩的破繭時刻，管你學業優劣，先當兵再說，此刻是它開始真實意識到「原來新加坡如此危險，任何敵方只需要動動小指頭，新加坡在幾天之內就可以不復存在」。新加坡沒有「當兩年兵然後退役」這一說，四十五歲以前定期或隨時接受國家徵召，回營訓練。

新加坡是講究「和平」的，世界上沒有人相信新加坡會攻擊鄰國，但那幾乎是「終身役」的「戰備制度」，今天依然如此。

二〇一五年希臘財政危機最高點，我恰巧在雅典，平民一天只能提款五十歐元，用餐時我給五美元小費，換來那位巨漢侍者的一個瞬間軍禮和響亮的「感謝你」，刻在腦中至今鮮明。財政再緊，人口小於台灣的希臘軍費不減，每年向德國採購的軍備占德國軍備出口的百分之十八，而德國也因為要保持自己國內的軍事工業，而大力支持希臘度過難關。窮的要死還要軍備，怕的是誰？希臘公民普遍認為，近在咫尺的土耳其由於歷史上的「大鄂圖曼主義」隨時可能染指希臘。雖然憲政廣場上的示威老人對我說，希臘人恨死了政客和議員，當一屆議員貪汙個千萬美元不在話下。

希臘人愛不愛好「和平」？衰弱如希臘，「和平」是不是它的國策？鏡頭拉回台灣。講到底，「和平」就是不打仗、不動武。那麼，台灣在世界上的立場，是不是不打仗、不動武？台灣對其他國家的底線，是不是不打仗、不動武？如果是，台灣要軍隊幹嘛？

往下談之前先澄清一點：本文中的「台灣」，隨讀者高興，可以用「中華民國」或者「台灣共和國」替代，因為名稱與文中講的道理，風馬牛不相及。

瑞士是中立國家，連正式的軍隊都沒有，但是瑞士的國策是不是不打仗、不動武？

瑞士人是山民，歷史上驍勇，但因國家小、禁不起打，因此力求和平，從不挑釁。但瑞士人不是耶穌，被打右臉不還手還把左臉也湊上來，因此瑞士青年必須接受射擊訓練，有槍的家庭可能過半。

台灣也不是耶穌。在和平這件事上，台灣應該清楚地劃出底線，以免他人誤會。這條底線就是：「台灣盡一切力量追求和平，但是不放棄在遭到武力攻擊時使用武力自衛」。

劃底線是每一個國家都該做的事，除非自認不是國家。一個國家不劃底線，就會有其他國家來幫它劃底線。當然，劃底線也可以講究修辭的藝術，但若修辭過了頭，就喪失了劃底線的意義。比如說，也可以把底線劃成如下：「台灣絕對不做一個任人欺負的國家」，但這樣修辭的「底線」模糊度太高了，底氣不足。

選舉到來，有人敢喊「一個中國就是中華民國」，也有人敢喊「台灣正名制憲」，但就是沒有候選人敢劃底線，因為恐共或懼美；選民像沸騰的水，媒體吵地煞有其事，但沒有人要求候選人的底線政見。

台灣人民只敢在共產黨、國民黨、民進黨的權力鬥爭下，喊統喊獨、以親中仇中內部自我分裂、辯論該不該親美親日，也有人喊出什麼「和中親美」，但是，台灣沒有人敢於在與任何第三方交涉時，劃出所謂「和平」的底線。這樣的一個地方，別人看得起嗎？

二、如何用「台灣中性化」、「品牌學」及「名片學」避戰？

◎前言：另類避戰之道？

真實的開戰不是軍事決定，而是政治決定。包括極權國家在內，任何政權在做開戰政治決定前，都會衡量兩件事：對自身權位的利弊，以及是否會引起民心動亂。中共，並不例外。

把時光拉回到二〇一〇年，那時我還在中國生活，無論是中國人還是台灣人問我「會不會打仗」這個問題，我都會斷然回答「不可能」。為什麼？因為當時環顧整個中國的社會氣氛，幾乎每個人、從城市到農村，都明白一個道理：如果中國對外開戰，無論是對日本、美國還是台灣，他們自己的好日子就會徹底完蛋。老百姓的普遍認知是，共產黨再傻，也不會傻到讓中國滑落回文革時期，再現全民動亂的地步。

中國老百姓很現實，也都懂得民不與官鬥，逆來順受，但他們一點都不傻。經過了文革的人，如果還犯傻，那恐怕就是智商有問題的真傻。他們完全知道，所謂的「改革開放三十年」，肥的是黨官和關係戶，但只要大家循著江澤民總書記指示的心法——悶聲發大財，大官吃肉、中官啃骨頭、小民喝油水，上上網、工照打、舞照跳，誰要打仗啊。

不過才十一年，今天你問我同樣問題「會不會打仗」，我的回答恐怕是「一半一半吧」。為什麼？同樣基於社會觀察，你環顧整個中國，上網管起來了、廣場大媽舞管起來了、賺錢管起來了、出境管起來了、連說話都管起來了、連不表態都犯法了。二〇一〇年的日子雖然也是怨聲載道，但你拿一張A4紙請老百姓寫下共產黨管不到的大小事，恐怕得需要三張紙才寫得完。二〇二一年，你請老百姓再寫一次，恐怕一張便條紙都嫌太大了。

任何坐過牢、或看過監獄生活電影的人，都知道一個簡單的邏輯：在禁閉的威權環境中，所有正常人大都將變成兩種人：唯命是從的半殭屍，或暴躁易怒的半流氓；人情及人性，變成一閃而過的珍稀現象。上海人現在已經知道自己不久後可能被新疆化，而北京人早就知道了。全民坐牢的心理狀態下，打仗已經不是一件難以想像的事。

因此，不管是主動挑釁或被挑釁，戰爭對中共和其嚴密管控下的中國人，都已經進入可以想像的範圍。這證明了，在習近平當權下，已經成功地、通過一點一點地，將多數中國平民洗了一遍腦。

台灣是中共當前施加武力威脅的重點對象，甚至是唯一對象。當然，項莊舞劍、意在沛公，劍頭指的是美國。身處夾縫的大局下，台灣不能懼戰，懼戰只會導致中共以及美國的誤判，這兩方任何一方若對台灣誤判，都對台灣更加不利。

不懼戰，就要備戰。然而，積極備戰不代表不做避戰。只是，當大象和猩猩要打架時，夾在兩強之間的避戰空間非常小，恐怕非得不按牌理出牌才行。自二〇一五年開始，我曾提出若干另類的避戰策略，不但形諸文字，且多次公開演講呼籲。據各方消息，北京方面雖有做深入研究，但內容究竟逆反了其大戰略。台北方面則因方向太另類而難以見容於藍綠之基本教義，終至無果。

雖然這兩種另類避戰之方[2]當時都未能成形，至今局勢怔變，可說是過了那村就沒那店了，但還是記錄於下，也算是盡了避戰之善意。

◎關於台灣永久中性化

▼為世界和平進行「台灣永久中性化」

打開天窗說亮話，中國最擔心的，恐怕不是台灣這個地方獨不獨立，而是美國（及日本）會不會有朝一日完全掌握台灣，從而威脅到中國的國防安全以及未來對東海、南海、太平洋的戰略延伸。台灣的有識之士，完全認知到這一點，但小小台灣沒有能力改變大國之間的地緣政治，只有中美兩國可以。

中美雙方於上世紀七〇年代所簽署的三項聯合公報，以及美國國會所訂立的《台灣關係法》，明顯地已經難以堪任接下來二十年的區域和平基石；雙方在台灣議題上需要一個與時俱進的新基石。站在中國的角度想，對百年中國最有利的策略就是讓台灣「永久的中性化」。中國一直想在「一個中國」原則下和台灣簽署的「兩岸和平協議」，其實找錯了對象，中國應該找美國簽署一個「台灣永久中性化協議」（Agreement on the Permanent Neutralized Status of Taiwan），將台灣因素排除在中美兩國的戰略競爭之外。這樣做，對中國、美國、世界都有絕大的好處：

（一）美國本來就承認「一個中國」政策，因此中美雙方是在「一個中國」下簽署協議的，而台灣（如同過去近四十年）既沒能力也沒意願去挑戰美國的一中認知；

（二）由於中國主動提出台灣中性化，美國也失去了在台灣進一步部署攻擊性軍事力量的正當性；

（三）台灣海峽已經被世界戰略界列為可能引起世界大戰的脆弱點之一，因為此地

2 編注：一個是指「台灣永久中性化」，一個是指「出借名片避戰」。

區若發生軍事衝突，日本、韓國不可能不被捲入，朝鮮可能伺機而動，俄國可能藉此對歐洲、中東、北非採取行動，中國再一次被捲入世界戰爭，美國也吃不完兜著走；換言之，世界將倒退至少三十年。台灣海峽若得到中美雙方的中性化保證，整個世界，尤其歐洲，都會鬆一口氣。

至於台灣本身呢？只要得到了永久不被中共統治的中美共同承諾，台灣人會很快地回過神來，跳脫統獨的羈絆，他們急於建設寶島都還來不及呢。這樣，中國得到了面子，世界得到了裡子。眼下的中美在亞洲的對撞氣氛中，也都得到根本性的紓解。

「永久中性化」這個概念，或許在當前主權體系下是個陌生概念。需要特別指出的是，「中性化」（Neutralization）不等於「中立化」（Neutrality）；後者可能隱含了中國承認台灣的獨立國家地位，但前者完全沒有這層政治含義，而僅僅表達了中國同意使台灣從一個目前處於「衝突公式」中的元素，改變成為一個「和平公式」中的元素，並以中性的地位參與國際事務。出身國際法學界的前比利時參議員亨利．方亭（Henri La Fontaine）於一九一七年四月二十八日發表了一篇二十二頁的宣言，詳細論證了「中性化」和「中立化」的差異，若以一句話表達，就是後者是戰爭時期保持中立的地位，而前者則是即使在和平時期也保持中性的地位。

中國當下有六個和絕對主權有關的燙手山芋：新疆問題，西藏問題，香港問題，台灣問題，東海（釣魚島）問題，以及南海問題。其中任何一個問題若深化爆發，改革開放三十餘年的成果都會被攔腰砍半。

六大問題是連動的，而使其連動的就是「絕對主權」這個概念。簡單扼要地說，絕對主權概念在地球上不過四百年的歷史，國家成立因為它，但國家毀滅也因為它。接下來，威脅整個世界的嚴重問題，諸如ＩＳＩＳ問題、難民問題、氣候暖化、南極冰帽融解、北極資源開採、太空兵器及通訊，沒有一個是所謂的「絕對主權體系」可以解決的，人類只有發展出「後主權」的時代思維及哲學，才能避免整體的崩盤和戰禍。

種種跡象顯示，人類的「後主權思維」已經啟動，至少「跨主權思維」已經是世界顯學。換句話說，今天的中國如果不開始深切反省其「絕對主權思維」，三十年之間的中國，雖然或許還可以保持一個大陸帝國的地位，但是與世界政治文明接軌的能力將越來越薄弱。

前述六大問題，若分開一個一個解套，時間夠嗎？資源夠嗎？若「打包解套」，槓槓點又在哪？其實，「眾裡尋他千百度，驀然回首，那人卻在燈火闌珊處」，一步到位、讓世界驚艷的槓槓點就落在「中美簽署台灣永久中性化協議」這個動作上。

▼「台灣獨立」與「台灣中性化」（Neutralization）

所有自由意志下的決定，都牽涉到四個問題：我是誰？我在哪裡？我要去哪裡？我怎麼去？在決策上，這四個問題之間是有強制邏輯性的：前一個問題若找不著邊際，魯莽搶答後一個問題，肯定是白忙的。若連自己是誰都弄不清楚，談不上定位；若無定位，何從談起去哪裡？不知去哪裡，怎知該步行或坐船還是坐飛機？

以政治、政策層面來看，這「台灣四問」可以敘述為：

（一）拿台灣身分證的人（以下稱為「台灣人」）的認同問題；

（二）台灣人對台灣國際處境、世界地位的認知；

（三）在此認知下，判斷台灣可以達成的目標；

（四）技術上如何達標、達標步驟的優先排序。

任何理性討論都基於某種思維框架，以上是我的思維框架，讀者可以不同意這框架，但我是在這框架下進行以下的討論的。討論點是：台灣「該不該」台獨，以及台灣「能不能」台獨。

首先談「台灣是誰」：認同問題。台灣是個地緣歷史的產物，血緣混雜了原、荷、西、葡、泛漢、日、南島，海洋性很強。願意以台灣為主體在此成家立業的人，領了台灣身分證、依台灣稅法繳稅、守台灣法律的人，就是台灣人。除此最大公約數標準，其他的「認同標準」都是扯淡。

談第二點：台灣人對台灣國際處境、世界地位的認知。台灣擁有「實質主權」（de facto sovereignty），缺少的是源自一六四八年西伐利亞協定（Westphalian Treaty）下的「法理主權」（de jure sovereignty）。台灣內外都沒有人懷疑台灣受到地球上的先進文明國家的歡迎，但是當下由中共一黨組成的中華人民共和國，連台灣的實質主權都想剝離或消滅。對於要剝離你的實質主權的一方，文雅一點說叫惡意對手，直白一點說叫敵人。

如同其他和中華人民共和國地理接近的國家一樣，台灣的經濟擺脫不了和它交流、相互依賴之處。在做決策上不考慮這層關係，那叫作自欺。

但是，中共在美國的全球打擊之下，能否繼續以專政體制維繫社會秩序和政權，尚在未定之天。若專政得以持續，那麼對台灣的威嚇力道將強化，若不得持續，其所產生的土石流也會在其他形式下危及台灣。不論後續如何發展，台灣在做決策時若脫離這重考慮，那同樣也是自欺。

第三個問題：台灣往何處去？統一和維持現狀已經不是選項，原因來自北京。北京已經表明，不會容許台灣保留實質主權，它在香港的作法也已經證明了這點。連實質主權都沒有的「一個中國」，直白說，已經受民主洗禮過的台灣人，鬼才會接受。

當前的美中態勢，給了支持「法理主權」人士極大的鼓舞，其通俗說法是：台獨是台灣唯一的出路。從模糊概念層次，這句話有其道理，但從前一問題「台灣在哪裡」往下邏輯延伸，這話有因果瑕疵。因為，美中態勢的終局還是未定之天，可能性有三種：

（一）中國屈服於美國，美國得到它要的之後，也不會笨到再祭出台灣的法理主權議題；台灣不能誤會自己在美國人心中比本國還重要；（二）美中交衡之後達到和解，那結果應該就是雙方簽署一份「第四公報」；（三）美國鐵了心要中共消失，那結果將至少是區域性戰爭；台灣準備好了嗎？

最後，怎麼做？台灣去向是個區域問題，甚至世界問題。在以上三種可能性下，個人認為台灣應當首先踏出一步，向世界表達自己的「中性化」（Neutralization）；倘若事態朝美中「第四公報」方向發展，爭取將台灣「中性化」列入條款。

之後的台灣將如何？誰知道呢？只要機會之窗還在，那就兄弟登山各自努力吧！

▼太平島的使用，應該國際競標

對於太平島的使用，據報導近兩年來有人士建議政府，可以租借給美國。若事態往這方向發展，個人覺得並非最佳方案。甚至，這思路會使太平島的作用，由台灣手中的一張好牌變成一張爛牌。

台灣對太平島擁有實質主權（de facto sovereignty），當然可以基於國家利益，對太平島做出任何處置。但是，太平島處在最敏感的南海區域，一個世界戰略界一致認為可能引發第三次世界大戰的區域。因此，太平島怎麼用，不但牽涉到台灣自身的國安，也牽涉到南海諸國的安全、中美在南海對撞的機率，乃至整個世界的安全。

處置太平島的尷尬局面，來自以下的幾個事實：如果台灣恢復駐紮正規軍隊，等於是主動挑釁中國及南海諸國；如果台灣退守，中國就會伺機入駐，因此美國不會同意且南海諸國亦不樂見；如果台灣將其租借給美國使用或默認美國可使用，則會給中國口實而急遽拉高台海緊張。

動也不是，靜也不是，尷尬。如果只是尷尬倒也罷了，怕的是「樹欲靜而風不止」，中國或美國先利用太平島出招，逼迫台灣表態。待到那時，台灣就處於完全被動的凶險境地。

除去了駐軍、退守、租借美國三個選項，還有沒有第四個選項？幾年前曾想建議一個另類方案，但因過於敏感而未成文。但在今天南海、東海局勢日益緊張、中美對撞大盤已然形成之下，也不妨將這另類方案提出供各界參考。

台灣雖然在國際上缺少法理主權（de jure sovereignty），但包括無邦交國在內的許許多多國家，都接受台灣的實質主權（de facto sovereignty）。並且，所有國家都知道，台灣最不需要的就是軍事衝突。

這極為特殊的世界地位，其實給了台灣一個極為特殊的條件：作為一個缺少法理主權的國家，台灣其實沒有完全的義務遵守以「法理主權」為先決條件的國際法或國際仲裁，而可以有創意地施展實質主權。

以太平島的處置為例，辦法如下：（一）台灣向國際宣布太平島為「中性化領域」（Neutralized Zone）；（二）台灣把太平島劃分為兩塊，對聯合國內所有成員國之中的任何兩國，開放租借太平島，展開公開透明競標。請注意，以上說的是「中性化」（Neutralized）而非「中立化」（Neutralitized），這兩者在國際法上有著微妙差異；後者的提出需以法理主權為基礎，而前者不必。因此，台灣可用參加WTO的主體身分進行此競標。

競標條件只有五項：（一）一美元起標，競標期內出價最高的兩方得標；（二）租借期為九十九年，只得作為和平使用；（三）得標兩國與台灣簽訂，租借期內互不武力侵犯並協防台灣安全；（四）太平島海域內若產生經濟利益，台灣可得其中一定比例（例如百分之十或百分之二十）；（五）倘若流標（競標者不符合前述條件或沒有國家競標），則此標案永久有效，台灣隨時可再度啟動招標。

這個處置太平島的方式的好處是：（一）將太平島這個變數，由南海衝突的公式中移除；（二）保障了台灣的國家安全；（三）最高分貝地向世界表達了台灣追求區域和平的願望。

台灣社會幾十年來都把「缺乏法理主權」視為台灣最大的劣勢，殊不知在法理主權和實質主權之間存在著極大的彈性運作空間；有些模式，只有像台灣這樣的「夾心餅乾」國家才能倡議。

台灣必須跳出盒子思考。如果台灣可以如此對南海和平做出貢獻，那麼東海和平呢？誰說台灣只是一艘不沉的航空母艦？台灣也可以成為一個不沉的「中性寶島」，也就是「A Neutralized Formosa」。

◎關於「品牌主體學」

▼百分之八十的問題可以用品牌操作解決

自從二〇一六年開始不斷提醒，台灣（Taiwan）的國際身分和知名度問題，其中百分之八十都不用硬碰國際法，只要通過品牌操作（Branding）就可以解決了。最近喜見政府也開竅了，例如護照封面的改版，我猜多半是年輕世代推動的結果。

品牌是符號，符號連結的是腦中的意象，可能是視覺、可能是聽覺，也可以是一種附著的情緒。意象越強，符號就越強，品牌就越強。至於品牌背後的「法人地位」（或作為國家的「主權地位」），在法理層次很重要，但是在市場辨識度上一點都不重要。

舉例，「Google」這個品牌背後的法人叫什麼，可能百分之八十的人都不知道，也不需要知道。它叫「Alphabet Inc.」。你覺得，如果有一天被迫二選一，股東會選擇改變「Google」這個品牌，還是「Alphabet Inc.」的法人名稱？再如，與其向川普費盡口舌解釋什麼叫作「第一島鏈」，不如告訴他台灣在「水岸第一排」。

藉此機會，我將過去四年來有關台灣的「品牌案例」整理一番。政府有些已經在往品牌方向做了，有些還沒有。不過，也不得不指出，有些品牌操作是政府不方便做的，但民間可以做。

案例一

二〇一六年三月

「要下架的不是『中華民國』，而是『Republic of China』」

分析：《中華民國憲法》中並沒有規定英文國名，所謂「Republic of China」只是約定俗成、當前地球上只有十幾國承認的符號。改變此英文符號，不需要修憲。

品牌解方：「中華民國」四個方塊字，直接對等英文符號「Taiwan」，或者也可對等英文拼音「Zhong Hua Min Guo」或台語版的「Diong Hua Min Guo」。當然，近來形勢變化，美國可能想向台灣借用「Republic of China」的名片，那又另當別論。

案例二

國旗、國徽、黨徽問題

二〇一五年一月

「要國民黨倒之前，你得先了解何謂『政治生態學』」

分析：台灣還有百分之四十到五十的人，無法認同青天白日滿地紅旗幟。在這不認同之下，自然很難認同「中華民國」的國號。國民黨如果真的為了中華民國，就應該主動收起傲慢，大聲地對世界說：國民黨只是中華民國的一個政黨，國民黨不等於中華民國，國民黨徽不等於國徽。要不中華民國改國旗，要不國民黨改黨徽。你說，應該改哪個？國民黨大，還是中華民國大？

品牌解方：向麥當勞學習。麥當勞（MacDonald's）於二〇〇六年將其沿用了數十年的貼著店名的「M」，修改為更圓融、不貼店名的「M」。麥當勞改店徽，為的是通過一次無人可以忽略的視覺經驗，告訴全世界：我不一樣了，新一代經營者要重新出發了。

案例三

二〇一七年十月

「再度建議國民黨改黨徽」

分析：國民黨改黨徽，不過是它政黨內部的事，主席及常委有見識、有魄力就行，一天就解決了，不用動到憲法。然而，就這一個小小的動作，就可以讓台灣大部分的人，從此不帶保留地向青天白日滿地紅國旗敬禮，青壯國民黨員也可在新黨徽下重做活人。

品牌解方：上策是由國民黨現任領導自己推動，這樣可以向台灣選民發出一個明確信號，一改國民黨在選民心中的形象。若黨內阻力太大，中策是由黨內的中、新生代立法委員提案，修改《國徽國旗法》第二十一條，加上「不得以類似形式作為政黨標記」一句話。下策，就是等待民進黨或其他黨立委提出上述修法，通過後依法強制國民黨遵法。上、中、下三策的得失，就由國民黨自己斟酌了。為了國民黨自己還有台灣的和諧，我建議走上策。

案例四

二〇二〇年四月

「買TWA商標——談華航改名」

分析：改名不是為了讓台灣自己看得爽，而是為了讓世界看。因此，「中華航空」這四個方塊字（漢字）改不改，沒那麼重要，即使方塊字部分改為「台灣航空」，也只是自己爽而已，因為國際上根本不知道你改了名。要改的是英文部分「China Airlines」。但很多人還不知道，依附在「China Airlines」這法人名稱下的航權航約、航線、機場權約，不少是透過歷史遺留的各種不正規的中間渠道、私人關係才得以維持的，不少國家政府的相關單位不過是循著「蕭規曹隨」的原則不生事而已。更動法人名稱，就要重新註冊、重新談判，而所有尚存的不正規關係都會被掀開，航權、航約、航線的損失是必然且不可控的。

品牌解方：China Airlines以法人身分，趕緊去向美國航空公司（AA）買下

「TWA」這個老牌航空商標。「TWA」通過辨識轉換，就是「TaiWan Airlines」。

用品牌技巧解決百分之八十的問題，這樣我們才能將精力集中在那些品牌解決不了的百分之二十的問題。

▼買TWA商標：談華航改名

作為曾經有十幾年品牌顧問經驗的商務人士，這幾年來我一直在倡議，任何有關「台灣正名」或國家定位的議題，大家不妨從「品牌」的角度切入思考。道理很簡單，「品牌」的價值雖然在傳統的國際秩序中比不上「主權」的價值，但經過近十年來的世界變局，實務上「品牌」的作用已經趨近於「主權」的作用，有時甚至可超過。

我常舉兩個例子。「麥當勞」（McDonald's）這個品牌，即使改賣燒餅油條豆漿，其成功率也遠遠大於重新創立一個新的燒餅油條豆漿品牌。其二，Google 這個品牌下的業務若被禁止三個月，其對地球的衝擊力道，遠遠大於美國聯邦政府業務停擺三個月。

回到華航改名的問題。改名不是為了讓台灣自己看得爽，而是為了讓世界看。因此，「中華航空」這四個方塊字（漢字）改不改，沒那麼重要，即使方塊字部分改為「台灣航空」，也只是自己爽而已，因為國際上根本不知道你改了名。

要改的是英文部分「China Airlines」。既然如此，那就得用英文的習慣原則思考。最讓台灣自己爽的，當然就是直接把這家公司的法人名字 改為「Taiwan Airlines」，然後在機身改漆上「台灣航空」和「Taiwan Airlines」大字。但這牽涉到龐大、困難的航空條約、航線、機場重新定約的政治困難以及業務量。很多人還不知道，今天的「China Airlines」所取得的航權航約、航線、機場權約，不少是透過歷史遺留的各種不正規的中間渠道、私人關係才得以維持的，不少國家政府的相關單位不過是循著「蕭規曹隨」的原則不生事而已。更動法人名稱，就要重新註冊、重新談判，而所有尚存的不正規關係都會被掀開，航權、航約、航線的損失是必然且不可控的。

在這情況下，就凸顯出「品牌」這概念的重要性了。法人名稱更改牽涉到所有的法務，而品牌更改及增刪，卻不必。法人名稱和品牌，不可混為一談。再以Google 為例，它的法人名稱是「Alphabet」，世界上幾乎每個人都知道Google是幹什麼的，但多少人聽過 Alphabet Inc.?你可以現在就上網進入Google.com 的頁面，上面沒有告訴你它的母公司叫 Alphabet，根本沒這個必要。

好消息是，在全球的機場和訂票系統上，台灣的英文代碼都是「ＴＷＮ」，已經不需要煩惱。反而，更改法人名稱，搞不好還會在這代碼層次上惹出新問題。

機身上的名字呢？總不能變成「China Airlines（Taiwan）」吧，那不越描越黑了？當然，在切割了法人概念和品牌概念之後，「China Airlines」這個法人去世界各國申請一個「Taiwan Airlines」的商標，也可解決問題。但是，我懷疑這樣行得通，因為，你想得到的，通常你的對手早就想到了。商標註冊，是有先來後到的。

建議一個辦法：China Airlines以法人身分，趕緊去買下「ＴＷＡ」這個商標。ＴＷＡ（Trans World Airlines）原是全球響噹噹的航空公司，一九三〇年創於美國，於二〇〇一年破產，被American Airlines（ＡＡ，美國航空公司）收購。ＡＡ曾經一度想恢復使用ＴＷＡ商標，但後來完全放棄此想。

TWA商標對AA公司，現在只是法務室中的一個擺設，資產表上的一項可有可無的雞肋，但這三個英文字母正好等於Taiwan Airlines的英文縮寫。商標買來，伴應的Logo愛怎麼設計就怎麼設計，沒人管得著，成為「TW.A」或「TW-A」或「TaiWan Airlines」都無不可，或就維持原有的「TWA」。別忘記，這可是一個世界各國有著一百年記憶的航空公司品牌啊，當年被航空業稱為「航空產業中的瑪麗蓮夢露」。

誰說麥當勞一定得賣漢堡呢？誰說賣漢堡的一定得叫麥當勞呢？只要將「主權」與「品牌」切割處理，只要將「法人」與「品牌」概念分開，路是一定有的，只是該轉彎了。一通百通，《中華民國憲法》裡並沒有規定英文名字啊，「Republic of China」只是一個被使用過但後來不被承認的慣用符號罷了。在國際上還沒有共識之前，先按照英文習慣一律縮寫為「ROC」有何不可？再進一步想，按照英文發音原則，「ROC」可以唸成兩音節的「ROCK」，誰說一定要唸成「R-O-C」三個字母呢？

世界上不是只有法學精深，品牌學和符號學也一樣精深。條條大路通羅馬，但條條小路多繞幾個彎也一樣通羅馬。梯子若不分成幾段，那肯定是短梯，爬不高的。

▼要下架的不是「中華民國」，而是「Republic of China」

為了更好理解以下幾節的解析，請讀者先回顧「導論」一章中的〈帛琉來訪的想像空間〉一節。

首先聲明，這篇文章不是一項政治主張，而是基於現實政治（Real Politic）所提出的一個解決方案。對於各種政治主張，無論是「台灣獨立」還是「終極統一」，甚至包括我本人多年來倡議的「後主權時代的無印良國」，本文都無意牽扯。

世上有一種局面，叫作「僵局」，意指身陷局中的各方都沒有能力壓倒他方，卻又都不願被他方壓倒。長久以來，台海就是一個僵局，但造成僵局的，主因並不出於台灣和中國的關係，而出自美國和中國的關係，而數千哩之外的美國之所以介入台海成為僵局的一方，其基本考慮還是為了保護其全球霸權規劃下的東海、南海兩區域。中國成為僵局的一方，主要考慮其實也是台灣島的區域戰略位置，而不是為了台灣島這一點資源和人口。

台灣是被歷史牽拖進入這場僵局的，中美、中日的僵局不解，台灣無能破局；而倘若中美、中日的僵局有解，台灣就有可能海闊天空。那麼，台灣有無可能協助中、美、日三方打破僵局呢？我個人認為是有的，只是台灣在先天上的資源、人口實力不足，這份助力無法表現在戰略層次，而只能表現在戰術層次；若換由負面的角度來看台灣在僵局中的角色，台灣在戰略層次無論如何努力，也一定成事不足，但若台灣在戰術層次犯下錯誤，卻是敗事有餘。

現在，我們就由戰術層次，來看看「中華民國」這稱號的問題。近來，由於蔡英文準總統一反民進黨傳統，公開承認並使用「中華民國」這稱號，而引起台灣社會，尤其是綠營的不同意見，倒是北京方面把這視為一種民進黨回歸善意的信號。然而北京的反應卻也是扭扭捏捏，一方面高興於蔡氏與「一邊一國」保持距離，另一方面又在其國內媒體、官式文件上拒絕「中華民國」一詞。

其實，這是北京的腦子長期被水浸泡下的制式反應，難道北京不知道，禁用「中華民國」一詞的後果，就是逼迫台灣使用「台灣共和國」一詞？從上述的僵局形勢來看，北京禁用「中華民國」，其實是一種「麻煩製造者」的作為，只會惡化僵局，完全無助於打破僵局。

這裡要給北京提個醒。自從尼克森、季辛吉訪問中國，直到中美兩國建交、中美簽署三個聯合公報，乃至隨後三十餘年對台灣的國際圍堵，您所在意的都是「一個中國」的問題。但請注意，「一個中國」乃四個漢字，您真正在意的是英文版的「one China」——世界上只有一個China，沒有兩個China。現在讓您最不舒服的是，台灣兩千三百萬人的護照上印刷的是「Republic of China」，政府公務員名片上都加上「R.O.C.」三個字母縮寫，和您的「People's Republic of China」只有一字之差，連美國政府官員在公開演講中都不時口誤，稱呼中國為「Republic of China」。

在北京諸公和廣大人民的印象之中，「中華民國」=「Republic of China」，若容忍「中華民國」就等於容忍「Republic of China」，這是對一個中國原則的明目張膽侵犯，是可忍孰不可忍？您說，是不是這樣呢？如果是，那就讓我們在戰術層次上來解決這個問題，將這問題從您的國際大戰略內移除。

以上的分析說給北京聽，但其實也是說給台灣聽。今天若在國際上做一份意見調查，問「台灣是否代表中國」，答案絕對是NO。同樣地，今天若對十三億中國人和兩千三百萬台灣人做一份民意調查，其中的最大公約數將會是：台灣不代表中國。這不就結了？我們為什麼不順著民意走呢？為什麼還硬要用「Republic of China」這個英文稱號呢？還有比這更自欺欺人的事嗎？

不用「Republic of China」，用什麼作為英文稱號呢？總得有一個吧？按台灣人的意思，那就是一個清楚響亮的「Taiwan」！然而，倘若台灣的護照封面上只印上一個大大的「Taiwan」，恐怕第一個巴掌打下來的不是中國，而是美國，飛湧入台灣島斥責、威脅台灣的官員，恐怕是來自華盛頓而非北京，北京只會在幕後欣賞這一齣戲。因為，美國無論誰當政，都將把台灣此一舉動視為威脅美國利益的嚴重事件，台灣將成為美國眼中的頭號惡化僵局的麻煩製造者。

「Chinese Taipei」如何？不可能，台灣民意不可能接受，那將代表台灣在國際上的徹底淪陷。

多年來，我在文中、書中、演講中，反覆提出一個台灣英文稱號的解決方案，一開始人們視為搞笑，但隨著亞洲僵局的步步惡化，也有人開始正視這個提案。提案就是：台灣作為一個國家（country）實體的英文符號，採用漢語拼音的「Zhong Hua Min Guo」！

這個稱號有以下好處：

（一）徹底杜絕了兩個中國（Two China）的國際誤解；

（二）徹底符合了國際認知、兩岸雙邊民意的最大公約數；

（三）台灣官員可以大方地在名片上印出國名，不必躲躲藏藏地用「R.O.C.」；

（四）懂得漢語的人都知道這就是「中華民國」的意思，保持了某種情感和政治上的相關性、聯想性，而不懂漢語的洋人看了霧煞煞也無所謂；

（五）漢語拼音正因為洋人難識，因而「Taiwan」一詞會保持其慣用語的身分；

（六）《中華民國憲法》中，並未規定其英文名稱，因而改動不必修憲，不牽涉統獨問題，沒有憲法層次的困難，取得社會同意後，由行政院直接向國際宣布即可；

（七）各國際組織，其中大多數向來都用「Taiwan」或其縮寫「TWN」來指謂台灣，不會引起各國更動文件、數據庫的困擾。

改英文稱號，也會帶來一些小麻煩，例如和所餘的二十二個邦交國的存續關係。但事實上，二十二個邦交國的存在，實質上只是一個面子問題，而且多半是「Republic of China」的面子問題，而不是台灣的面子問題。須知，世界上從來沒有一個國家和「Taiwan」建交，也從來沒有一個國家和「Taiwan」斷交。他們建交和斷交的對象都是「Republic of China」。他們若因「Zhong Hua Min Guo」英文稱號而藉故解除邦交，那也是天要下雨、娘要嫁人的事，由他去吧，其所帶來的國際媒體注意，反而會使得改名一事得到更多人的認知。

改英文稱號會不會傷到台灣人的自尊？我認為是不會的。首先，你的身分證和駕照上原來就沒有「Republic of China」這三個英文字，再來，將來拿著一本護照，封面印著大大的「Taiwan」，小小的「Zhong Hua Min Guo」，既不會產生今天外人對護照的誤解，也顯得更有獨特標誌性，那也不用貼貼紙了。

英文符號改為「Zhong Hua Min Guo」，就是「世界上沒有兩個中國的問題」一語的最佳註解。舉幾個小案例作為結束：「中華電信」原來稱作「China Telecom」，後來為了避開世界上不能有兩個「China」的困境，因而改其英文稱號為羅馬拼音的「Chung Hwa Telecom」，現在不是活得好好的？「中華航空公司」早前也遇到兩個中國的問題，但由於其代號已經植入全球航空系統的電腦中，中國只好作罷。而「Republic of China」或「R.O.C.」本來就已經不存在於任何全球性的資料交換系統中，更改完全不是問題。

「Zhong Hua Min Guo」上架，「Republic of China」下架，才能維持「中華民國」在架上，從而進一步擦亮「Taiwan」的品牌，帶來讓人驚奇的效應。難道台灣今天最需要的不是國際品牌效應嗎？難道北京不想化除「Two China」的骨刺嗎？在現實政治的場域，這對北京和台北，都算是朝向破解區域性、世界性僵局的一步棋，走不走棋就看智慧了。

▼台灣的Realpolitik：再論「Republic of China」下架

什麼是Realpolitik？Realpolitik是德文，一般翻譯為「政治實務」或「務實政治」，這概念有比較嚴格的定義，那就是「以現實條件及已經存在的因素，而不依據意識形態或道德命題，進行一國的政治和外交」。

在台灣，當年的蔣介石總統是位反Realpolitik的大將，一九六三至一九七一年期間，即使有法國和美國的斡旋，他寧可被迫讓出聯合國席位，也不願意台灣以非「Republic of China」的名號或者其他任何形式留在聯合國，因為「漢賊不兩立，世界上沒有兩個中國」；當時的中國則是Realpolitik的高手，知道美國對中國有所求（制衡蘇聯），因而堅持台灣不得以任何形式留在聯合國，否則寧可等待，因為中國等得起，美國等不起。

在一九七一台灣被迫讓出聯合國「China代表」之前幾年，倘若蔣介石總統願意用Realpolitik思維，以漢語拼音的「Taiwan」、甚或古老的「Formosa」，試圖把台灣以另類方式保留於聯合國，今日台灣的國際身分將大不相同。但是這個「倘若」，已經無法探討，只能是個歷史懸念了。

蔣氏父子之後的李登輝總統，起手式就是Realpolitik思維，因而才會有國統綱領與一九九二年的歷史性兩岸會談。後期，他開始捨棄Realpolitik，改走理念或意識形態方向，並由陳水扁總統繼承。馬英九總統的路線，則是重返Realpolitik，其堅守的、模糊度極高的所謂「九二共識」即為代表，儘管他的路線可以被解釋為兩種反向的目的：其一，抵制來自中國的統一壓力，避免火車對撞，這種解釋被中國許多人標籤為「獨台」；其二，保留台灣和中國的統一香火，這種解釋被台灣許多人標籤為「終統」。

即將上任的蔡英文總統，任期內最大挑戰，依然是在Realpolitik和理念、意識形態政治之間的選擇和拿捏。選舉下的政治操作將她推上了總統大位，但在美中日的亞洲Realpolitik局勢中，台灣島內關起門來的理念政治操作，如何在區域中或國際上跨出去？跨得出去嗎？在台灣島內的政治氣氛，以及民進黨內的派系挾持下，她不能直接繼承馬英九的Realpolitik 路線，那麼「蔡氏Realpolitik」的路線在哪？邊際在哪？動作在哪？

毫不帶保留地說，由於多年來的內部政治氣氛，台灣幾乎已經喪失了對外Realpolitik的能力，甚至連對外理念政治的能力也幾乎蕩然無存，剩下的只有情緒政治的能力。這使得任何政府，管它是國民黨、民進黨還是什麼黨，都難以推出理性的、連續的對外政策。各黨各派系，在權力、利益、面子的交錯下，就像盆子裡的一堆螃蟹，誰想爬出盆子，半途都會被其他八隻腳的螃蟹拉扯住而不得掙脫。

因而，在面對中國威脅這件事上，台灣社會一直是邏輯貧乏的。台灣的多數人，還把「中國威脅」這議題定義在兩岸之間的博弈，而那是三十年前的舊狀況了。今天的事實是，中國老早就沒把台灣視作「兩岸」的問題，而是把「台灣問題」視作區域整體性甚至國際操作的棋子來看待了。換句話說，中國方面在下圍棋，台灣是一顆尚未落盤的棋子，但是台灣方面還停留在過去三十年和中國玩剪刀石頭布的老舊心態。圍棋變化千萬種，而剪刀石頭布的邏輯變化只有九種，以猜拳的技能下圍棋，在Realpolitik上能不受制於人嗎？

台灣還在玩剪刀石頭布這件事，透露出兩個訊息：（一）台灣人還沒有面對自己的真實處境；（二）台灣人還沒有打開自己的眼界。這兩者，其實是一個銅板的兩面；由於拒絕面對真實處境，因此打不開自己的眼界。

台灣人只要正視現實（跳出選舉語言，以現實條件及已經存在的因素進行下一步的思考），就能夠打開眼界（以區域政治、國際政治全局探索Realpolitik的寬度）。這裡尤其需要提醒的一點是：全局觀，就是換位思考的能力，一種由其他方的處境來思考自身定位，以及由換位思考衍生出來的Realpolitik作為。請注意，「其他方」也包括了中國，如果「逢中必怒」，那是絕無可能達到全局觀的，也是絕無可能跳脫猜拳模式而達至Realpolitik創新的。

接下來，我們把台灣的Realpolitik空間，分為區域層次以及全球層次來探討。

（一）台灣在亞洲區域中的Realpolitik

美國的世界戰略，說到底只有一條紅線：不允許地球上出現一個足以抗衡美國的國家或地區，不論這國家叫作俄國還是中國，不論這地區是美洲、歐洲還是亞洲。今天我們在世界上看到美國介入的紛紛擾擾事務或戰務，都只是基於這條紅線的衍生品罷了。地球上任何地方，只要出現了直接或間接威脅該條紅線的狀況，美國都會視為國家利益而進行處理，直接的威脅就動武，間接的威脅就通過外交和經濟手段。

中國還沒有劃下全球紅線的能力，但是中國有一條亞洲地區的紅線：亞洲乃中國的勢力範圍，美國僅可在中國的同意之下參與亞洲事務。

很明顯地，這是兩條衝突的紅線，若外交或經濟手段化解不了這衝突，那就是火車對撞，以武力解決。用個台灣人都能理解的比喻來形容目前的態勢，那就是美國希望

「一球兩制」：我可以容許中國作為地球上的一個主權特區，在你內部隨你怎麼搞，但中國之外的區域聽我的。而中國呢，最終希望的是「一邊一國」，以太平洋及阿拉伯海為界，西半球歸美國管，東半球歸中國管。

拿個地球儀來看，中美紅線衝突的焦點在亞洲，而台灣在這火車對撞的「衝突公式」中扮演著關鍵角色，因為台灣深深地陷在東北亞的釣魚台領土爭議、東南亞的領海爭議當中。台灣在這兩項爭議下的立場和動向，雖然不能決定中美兩國亞洲紅線的勝負結果，但是若要敗任何一方的大事，卻也能成為極大的干擾因素。秤砣雖小，其位移卻也可影響千斤之平衡。這也就是不論國民黨的馬英九總統，還是民進黨的蔡英文總統，不時必須對外宣稱台灣不會變成「麻煩製造者」的原因。

過去認為，台灣位於中國進出太平洋的「第一島鏈」要衝，因而為兵家必爭之地。然而，隨著軍事科技及系統的顛覆，這種看法已經越來越不成立。即使繼續以「防禦島鏈」的舊觀念來看問題，要衝也已經不在角色搖擺不定的台灣島，而在日美共治、角色明確的沖繩島。

以上的描述，其實足以推衍出一條台灣Realpolitik的路線，那就是：將來的台灣，其實可以試圖將自己從中美的紅線「衝突公式」中移出，而扮演一個可能促成「和平公式」的角色。但是，這需要台灣主動的提出方案，而非像現在這樣只敢被動地宣稱自己不會製造麻煩。甚至可以說，台灣越被動地隨波逐流，就越會被一步一步地拖進中美衝突公式中而最終不得自拔，成為中美雙方代理戰爭的棋子。

在中美的亞洲紅線對撞之前，台灣可以採取哪樣的Realpolitik主張呢？我在《與習近平聊聊台灣和中國》一書中提出的建議是中美簽署「台灣永久中性化（Neutralization）協議」，由於內容較為複雜，此文中就不再贅述了。

（二）台灣在地球全局中的Realpolitik

多年來，台灣社會陷入一個迷思：台灣的國際地位，由國際是否承認台灣的「主權地位」而定，以至於這個迷思成為台灣政客的最大提款機。

「Sovereignty」這個概念被翻譯成漢字的「主權」，可能是台灣幾十年來政治災難的最大源頭之一。首先，「Sovereignty」這個字眼中沒有「right」（權利）的含義，而只有「power」（權力）的含義；它不像「人權」（human right）乃天生權利，而是一個以實際權力為基礎的概念。實際權力，是靠自己培養的，自己的實力越強，就越有宣稱Sovereignty的資格。聯合國，不過是個權力的俱樂部，裡面有些國家真有實際權力，但多數是權力的附庸。例如，烏克蘭由於其地理位置，在俄國和歐洲的權力之間搖擺，即使「主權獨立」了二十六年，俄國還是說打就打；再如，伊拉克、敘利亞都是老牌的「主權獨立」國家，美國也是說打就打。

台灣的另外一個觀念災難（也同樣是政客的提款機），就是「國家」這個漢字詞的多重意義混淆。雖然國際間普遍不承認台灣是個「國家」（state），但除了中國之外，沒有人不承認台灣是個不折不扣的「國家」（country）；這就是為什麼雖然台灣的Sovereignty State的地位不被承認，但台灣的護照卻可在一百多個國家（State）內免簽通行的道理。

作為一個因為實力不足而不被承認Sovereignty、但實質上不折不扣的國家（country），台灣有兩個需要努力的方向：（一）加強自己的實力，不論是硬實力還是軟實力；（二）加強其Realpolitik的醒悟及能力——「以現實條件及已經存在的因素，而不依據意識形態或道德命題，進行一國的政治和外交」。

在世界全局觀上，由於以上所述的「主權」、「國家」概念的誤用和濫用，台灣已經養成妄自菲薄的惡習，即使是年輕新世代，許多已經表現出不符合其年齡的酸氣沖天，並以「酸民」自嘲。台灣若想要有明天，這個心理上的惡習必須先去除。自覺妄自菲薄不可取之後，台灣應該開始體察自己在國際Realpolitik場域中可扮演的角色。

首先，台灣必須自我回答一個問題：台灣想在國際的Realpolitik場域中，和那個被承認為代表中國的「People's Republic of China」競爭誰才代表「China」嗎？或換個方式問，台灣的「中華民國政府」，還想要和「中華人民共和國政府」競爭哪個政府才代表「中國」嗎？這麼簡單的一個問題，台灣卻從來不敢面對，頭埋在沙子裡，哪裡還談得上Realpolitik呢？

讓我們都來面對這個問題。讓我們每個人問自己：如果國際上請求台灣以「Republic of China」名號回到聯合國，重新代表「China」，你願意嗎？請認真想一想再回答。如果你的答案是：願意，那麼你認為中國大陸的人民會同意嗎？你認為台灣有能力在國際上代表中國嗎？你願意擔起「China」這個稱號的所有國際名聲和責任嗎？

如果你的答案是：不願意，那麼，為什麼你不願意？

再請問，你覺得如果海峽兩岸舉辦公投，只問如下問題：你認為台灣代表「China」嗎，雙邊會有多少人會說：是的，台灣代表「China」？

麻煩你再做一個動作：把前文中的「台灣」這兩個字，用「中華民國」這四個字替代，然後把以上幾個問題再走一遍，看看你的答案有無不同。如果我沒猜錯，你的結論多半是：不管是「台灣」這兩個字或「中華民國」這四個字，今天都不代表「China」。

那麼，為什麼台灣或中華民國的外文國號叫作「Republic of China」？當然你會說那是歷史原因，但是，為什麼一個明明只有三點六萬平方公里、兩千三百萬人民的島嶼，要在世界上和一個九百六十萬平方公里、十三點五億人民的巨大陸塊競爭「China」這個國際稱號？台灣島嶼硬用「China」這個稱號，島嶼上的人民不高興，島嶼對岸陸塊上的人民也不高興，天下有這種損人又損己的道理嗎？

儘管世界上的多數國家屈於中國的尺寸和經濟誘惑，而不承認台灣的「主權國家」（Sovereignty State）地位，但幾乎所有國家或政府都知道台灣是個不折不扣的國家

（country），而且台灣不願意隸屬於「People's Republic of China」，遑論被其政府統治，此乃全球眾所周知之事實。台灣或中華民國已經完全沒有必要用「China」這個字眼去證明以上的事實，而恰恰相反，繼續使用「Republic of China」只會削弱國際上對「Taiwan」這個字眼所代表意義的認知。

事實上，台灣是個憲治國家，而這部憲法叫作《中華民國憲法》，這是民進黨準總統蔡英文女士也承認的事實。在這部憲法中，並沒有規定「中華民國」的對外英文（或其他文）的名稱；所謂的「Republic of China」只是一個約定俗成、沒有憲法拘束力的歷史用語。若改變「中華民國」四字，那叫改國號，必須修憲，而改變「Republic of China」，毋需修憲。

這裡就涉及一個最根本的Realpolitik下的問題：台灣想不想繼續用「Republic of China」這稱號，和「People's Republic of China」競爭對「China」的代表性？台灣是否想繼續用「Republic of China」來抵擋中國對台灣在國際上的政治威脅？這種抵擋方式有效用嗎？

繼續使用「Republic of China」，對台灣在國際上的地位，究竟是弊大於利，還是利大於弊？這是台灣的Realpolitik下的最基本問題。

認為有利的一個觀點是：在美中亞洲對撞之下，不論是因為美國想先發制人或者因為中共政府「面臨垮台」，倘若發生中美在亞洲地區的大戰，美國可能會再度承認「Republic of China」。然而，即使在這種極端的設想之下，台灣也不過是成為美國代理戰爭的棋子，這是台灣人要的嗎？除去此等極端的場景，保留「Republic of China」還有其他好處嗎？除了情緒上的滿足？

退一步想，即使如部分人所願，台灣最終被納入「美日安保條約」的一員，而徹底接受美、日的軍事保護，那也和「Republic of China」這個稱號無關。別忘了，美中所簽署的三個聯合公報中是明白承認「One China」的，其對台灣的國內法照顧叫作「Taiwan Relations Act」，而不叫作「ROC Relations Act」。

那麼，如果保留「中華民國」，同時將「Republic of China」下架，會有什麼好處呢？上節〈要下架的不是「中華民國」，而是「Republic of China」〉當中略有（Realpolitik角度下的）論述，讀者可參考。附帶提一筆，部分讀者對該文中建議採用「中華民國」的漢語拼音一事不滿，認為那也是向中國靠攏，但別忘了，

「Taiwan」一字採用的也是「台灣」一詞的漢語拼音原理呢。「台灣」曾被國際上稱為「Thaiwan」（見一九八〇年德國出版地圖），因而一直到現在都常常在國際上被誤會為「Thailand」（泰國），難道我們也願意放棄漢語拼音原則下的「Taiwan」一字而採用其他的拼音原則來代表「台灣」，而主動削弱國際上對「Taiwan」一字的認知嗎？

後主權概念的台灣，「無印良國」時機到了！

▼誰被巴拿馬斷交？

在世界上拖累台灣的，絕對不是「中華民國」這四個漢字，而是「Republic of China」這三個英文字。同樣，被巴拿馬斷交[3]的是「Republic of China」，而不是「中華民國」，因為巴拿馬根本不認識漢字。

台灣現在稱呼自己的英文字用的是「Taiwan」，而過去，德意志人曾經稱呼台灣為「Thaiwan」，更早的時候荷蘭人稱呼台灣為「Tayouan」（大員），更早的時候葡萄牙人稱呼台灣為「Formosa」。有史以來，地球上從來沒有任何一方和「Taiwan」（或

Thaiwan或Tayouan或Formosa）建立過外交關係，但是曾經有一百多方和「Republic of China」建立過外交關係。過去四、五十年間，世界上許多方選擇了和「Republic of China」這個稱號劃清界線，因為他們不承認台灣這個小島代表「China」。

各位看官，讓我們先把腦子弄清楚，巴拿馬的舉動，只不過是不再承認台灣代表「China」，因為台灣自己稱自己為「Republic of China」。它沒說從此不和台灣做生意，不准台灣人入境。如果台灣和巴拿馬之間的貿易因為所謂的斷交而下滑，那只是反映了台灣自己不爭氣，拿不出巴拿馬非買不可的產品。

誰規定了「中華民國」這四個漢字的英文稱號必須是「Republic of China」？中華民國的憲法沒規定，這只是一個被用了很久很久的習慣罷了。相信今天在台灣，包括贊成「一中同表」、甚至贊成台灣是中國的一部分的人士，沒有一個活著的人認為中華民國在地球上代表「China」。

今天在台灣，相當一部分人對「中華民國」這四個漢字有感情、有認同。這非常合

---

3 編注：二〇一七年六月。

理，現行的憲法就叫作《中華民國憲法》。另一方面，由於歷史因素，另有相當一部分人對「中華民國」這四個漢字有排斥感，這兩類人共存，也沒什麼奇怪，台灣是個多元開放的社會，思想言論自由；美國天天有人燒國旗，蘇格蘭天天有人要脫英。

一切的一切，都反應出一件事實：台灣的社會在認同問題上不管如何分裂，都具有一個最大公約數：台灣不代表「China」，中華民國也不代表「China」。這一點甚至是兩千三百萬人和十四億人雙方之間的最大公約數，妙不妙？求同存異，這一點就是最大的同，也就是大同。

真弄不明白，台灣兩千三百萬人不管在客觀上或是主觀上，都不認為中華民國代表「China」，那麼為什麼英文的稱號還要繼續叫作「Republic of China」？這不是自己給己找麻煩嗎？如果我是北京，我一定不會容許世界上所有的國家都和「Republic of China」斷交，而會保留幾個百萬人口以下的小國家繼續承認「Republic of China」；因為，如此才能證明台灣確實是「China」的一部分。

「中華民國」這四個漢字的國號，只有修憲才能改；但是，「Republic of China」這三個英文字的稱號，不必修憲就能改。改了之後，願意用新的英文稱號和中華民國保持外交關係的國家，我們無任歡迎；不願意的，唉，讓它去吧。

那麼，「Republic of China」要改成什麼呢？改成「Republic of Taiwan」？這是自己往槍口上撞，但台灣是個思想言論自由的社會，願意往槍口上撞，也是每個人的自由，只要願賭服輸，旁人無權阻止。個人淺見，可以將「中華民國」這四個漢字的英文稱號，改為「Zhong Hua Min Guo」。倘若不爽漢語拼音，那麼改為「Chung Hwa Min Kuo」或者「Diong Hwa Min Kuo」也可以。

聽說，緊接著巴拿馬，「Republic of China」還面臨著一連串的邦交國斷交危機。這是遲早得發生的事，但是如上所述，北京一定會替「Republic of China」保留幾個小小小小的邦交國，否則，它豈不是在世界上自我承認了台灣和「China」無關？

我建議，當下一次發生斷交事件時，台灣一定要把握住那千鈞一髮的時機，對世界宣布，「Taiwan」並不代表「China」，「Taiwan」停止使用「Republic of China」這稱號，改以「Zhong Hua Min Guo」（或上文中的另外兩個選擇）。「中華電信」不是老早就已改為「Chung Hwa Telecom」了嗎？

◎關於「出借名片避戰之道」

前言：二〇一八年，我判斷美國將向台灣「借名片」，兩年來先後發表了五篇文章：〈川普如果向台灣借名片〉（二〇一八）、〈美中文明對撞下台灣的角色〉（二〇一九）、〈黑天鵝——「中華民國ＲＯＣ」的品牌轉移價值〉（二〇一九）、〈美國借名片論——Taiwan還是R.O.C.?〉（二〇二〇）。〈拜登團隊承襲「借名片」戰略，帛琉來訪的想像空間〉（二〇二一四月），此處加以彙整。名片是比喻，說明美國和中國在對抗中如何利用台灣（中華民國）的角色，但這個過程中，台灣目前其實並無主動的選擇權，媒體上相關深入討論也比較少。

▼川普如果向台灣借名片

台灣現在有兩張名片，在當前世界大勢下，短至六個月，長不超過四年，我估計美國會向台灣借用名片。問題是：美國想借哪一張？台灣借不借？在什麼條件下出借？這三個問題，台灣社會得事前想清楚了，否則到時手忙腳亂，內部互毆，自己把自己搞得半死不活。

這兩張名片，一張我稱之為「世界名片」，上面印的是：名「Taiwan」，字「台澎金馬個別關稅領域」（TPKM），號「中華台北」（Chinese Taipei）。這張名片的用途是公民通關、稅務關務、結盟、參與世界組織。另一張名片，我稱之為「國際名片」，上面印刷的姓名是「Republic of China」，簡稱「R.O.C.」這名片的用途是與為數不多的國家保持國與國外交關係，以及安慰部分民眾。

在台灣從事獨立運動的人，訴求的是從第二張名片中獨立出來，但他們面臨一個邏輯上的不可解：即使通過國內的公投或立法將「R.O.C.」消滅了，第一張名片下的字與號，依然無法消滅，因為那是台灣當前的世界通關證。東奧正名運動的公投，之所以被一些人視為引火燒身，就是這動作危及了台灣的世界通關證。

自一九七九年美國與中華人民共和國建交以來，美國把台灣視為一個政治實體，稱之為「Taiwan」，立下《台灣關係法》（Taiwan Relations Act），並協助台灣維持「兩張名片」的翹翹板現狀；當台獨工作者試圖消滅第二張名片的時候，美國就幫助其對手，當親中親統者冒頭時，美國就加碼台獨工作方。

二〇一八年是美中關係分水嶺；「反中共不反中國」、「反共產體制不反中國人民」成為共和、民主兩黨的共識，川普並不是始作俑者，他只不過是其中的激進派，加速了力道罷了。川普公開斥責北京打壓台灣（Taiwan）以第二張名片與邦交國的關係，彭斯副總統則以第一張名片公開稱「Taiwan為世界所有華人（Chinese）的民主標竿」。

台海並不是美國的關心重點，占亞洲貨運航道百分之六十的南海才是。但是，對依賴民族主義統治的中共，若被逼到政權存亡的角落，台海比南海更能決定中共的存亡。中南海和白宮都知道這一點。

因此，倘若美國的意圖僅限於拖延中共的軍事及經濟發展，那麼軍事衝突點就會聚焦南海，波及台海的可能性不是沒有，但究竟比較小。然而，若事態發展到美國認定只有改變中共政體才能遏止中國，最有效的方式就是向台灣借用名片，因為唯有通過台灣名片的力道，才能動搖甚至瓦解中共的統治，那時引爆點就是台海了。

若美國向台灣借名片，關鍵是借第一張還是第二張，或當借第一張無效後，繼續借第二張？借第一張，動作可能包括加強《台灣關係法》、促成台灣加入世界組織、放寬對台軍售、促成台灣成為「第一島鏈安保同盟準成員」等等。若借第二張，等於撤銷美中三公報，實質承認國際上有兩個中國的存在。

當前大勢下，美國向台灣借第一張名片其實已開端，而台灣並未反對。台灣現在得問自己：假設美國要借第二張名片，屆時的執政政府同不同意？美國也可技巧地避開「China」和「Taiwan」這兩個字，而用例如「two Chinese nations」（兩個華人國家）這樣的字眼，台灣人同意嗎？台獨工作者同意嗎？

這種尷尬，可稱之為「兩張名片的背律」。台灣若想在思維上擺脫這背律，唯有徹底認清，台灣與中華人民共和國之間的關係本質乃是體制差異，而不是其他。無論是現有的兩張名片，還是台獨工作者期待的第三張名片，都沒必要和「反中／親中」、「反共／親共」的二分法掛鉤，三張名片的最大公約數其實是「非共」：台灣絕對不接受共產黨體制的統治。只要達到了「拒絕任何威權體制或山寨版」的最大公約數共識，出借哪張名片或印第三張名片，甚至眾人還沒想像到的第四張名片，都只是順勢而為的技術性問題。公民之間當下用二分法互毆，坦白說，非笨即私，只會害了台灣。

▼台灣的第四張名片：「以世界為座標」的第四張名片

上節〈川普如果向台灣借名片〉中，提到台灣現在有兩張名片，一張是「Taiwan、台澎金馬個別關稅領域（TPKM）、中華台北（Chinese Taipei）」，另一張名片是「中華民國，Republic of China」，而台獨工作者則希望爭取第三張名片，「台灣共和國，Republic of Taiwan」。文末提到「第四張名片」的可能性，本文就繼續來聊聊這第四張名片的可能長相。

未來幾年之內，台灣就必須面對我所謂的「一九七一抉擇」。根據史料及還健在的當事人口述，一九七一年美國為了向中華人民共和國示好，逼迫蔣介石所專斷的中國國民黨政府讓出聯合國的「中國」席位，但給了蔣氏一個選擇：以「Taiwan」的名義留在聯合國，蔣氏經過考慮後拒絕。一九七一年是台灣接下來命運的一個歷史節點，隨後的一切，包括上文所提的頭兩張名片，都因緣於一九七一年的那個決定。今天還有人需要爭取第三張名片，也是源於那個歷史性的決定。這三張名片，都與「以中國為座標」脫不了關係。

我判斷，幾年之內台灣就會再度遇上「一九七一抉擇」，只是這次在不同時空下乾坤倒轉，變成美國必須向台灣借用名片以遏制中共。那麼台灣本身還有沒有意願及能力，跳出「以中國為座標」的思維框框，構思一套「以世界為座標」的第四張名片，哪怕是一張虛擬的名片？

第四張名片，其實就是一場台灣主體性的行銷。行銷學的ＡＢＣ是：不要問你自己有什麼，要問客戶群體需要什麼。那麼，現在世界需要什麼？所有的國家都知道，不管中國的影響是好是壞，世界必因中國而改變，但是各國都在苦求一個改良中國的方案。美國領頭的國際共識方案將是：遏制中共體制，儘量不傷害中國人民。這方案中有個必要元素：台灣的示範作用。可以說，少了台灣這個元素，世界將得不到一個改良版的中國。這，就是台灣的客戶需求，就是台灣主體性的行銷方向。

用一句話總結「第四張名片」的精髓：不管好壞，世界必因中國而改變，而中國可因台灣而改良。為什麼？因為台灣的民主掙扎經驗、把人當人的文明提升經驗，在中國和台灣都使用方塊字的條件下，最容易感動中國人民。把話說白了，連川普、彭斯和美國共和、民主兩黨都看到了這個「中共的七寸」，而把中共視為主要威脅的台灣人，竟然還看不清這點？

把人當人的法治、民主、自由下的文明提升，是百分之九十九的中華人民共和國人民的企求；讓他們有這個指望，就是台灣主體性的最佳安全保障。台灣人民與中國人民之間不是敵對關係，而是對照關係。台灣的法治、民主、自由做得越好，台灣的主體性就越能在國際上得到伸張，因為滿足了世界的「客戶需求」。

這就是我所謂的「第四張名片」。至於名片上印刷的字眼是什麼，建議社會上把氣度、眼界放寬一點，不管是和頭兩張名片掛鉤，或是和第三張名片連結，都不要太在意，台灣主體性的實質化才是最重要的。否則，上述的「一九七一抉擇」機會，可能又像上次一樣，一逝不回，過了這村就沒這店了。

▼中國如果向台灣取回「中華民國」名片？[4]

基於內生原因，中國經濟將在二〇一九下半年至二〇二二上半年之間結構性硬著陸，同時伴隨著內部政治鬥爭、階級鬥爭的白熱化，導致中共內部家族及利益集團無法收場的局面。美國川普政府正在進行的圍剿中共行動，其實只是觸媒，沒有川普，上述景象一樣會發生，但可能晚個兩、三年。

以今日中國的經濟體量以及那十四億張必須吃飯過日子的嘴，中共的國家機器若瞬間散架，全球受不了；地球承受不了一個政治敘利亞化或經濟泡沫化的中國，台灣也承受不起其土石流。全球有能力協助避免中國陷入滅頂的國家，也只有美國了。但美國並不想武力介入，也沒有能力對中國這樣一個龐然大物提供救市的「馬歇爾計劃」；只有在出現某種內部自生的秩序力量，中國才能得以救贖，無解的中共才能找到一個下台階。

黑天鵝是：美國在中共無法收場之時，想破腦袋，發現最有利的和平解決方案，就是「協助中國人民，向台灣借中華民國ROC的名片，以利中國人民啟動內生的民主化」——你的安全帶繫緊了嗎？

我們要知道，所謂的「兩岸關係」，其實只是中共的統戰話術，台灣海峽的風雲早

4 編注：本文最初發表時原題：〈黑天鵝：「中華民國ROC」的品牌轉移價值〉。

已融入區域甚至世界。今天地球上沒有「台灣問題」，只有「中國問題」；而中國問題的解決方案，必須仰仗台灣主體性的存在，也許台灣人自己不這樣看，但世界是這樣看的。

中國之所以成為人類的問題，並不是因為它是中國，而是因為如此龐大的國家竟然還由一黨專政。美國政界乃至整個現代政治圈，已經達到共識：若讓中共繼續一黨專政下去，中華人民共和國將是當代秩序的最大威脅者，有甚於當年的蘇聯。這裡引用一位俄國專家的描述，這是我見過最到位的見解：「美國之所以認為中共的一黨專政比當年蘇聯更危險，並不來自中共的軍力進展，而是因為在數位科技下，中共必將其數位專制體制推廣至全球。」

一黨專政這顆地雷必須由中國拆除，但基於國際現實考量，最終的「中國方案」必須是一個美、中、日、台、乃至歐亞都能接受，並且大家多少都得到一些好處的和平方案。

解除中共對中國的一黨專政，並不意味要「推翻」中共，因為如前所述，直接推翻中共，對世界秩序的代價太大了。美國的大方向，其實在二〇一八年十月四日副總統彭斯的演講中已透出端倪：中共不等於中國，反中共一黨專政是為了救回中國；台灣已經證明一黨專政是可以打破的，台灣是座燈塔。

什麼意思？說難聽是美國要打台灣牌，說好聽是美國將向台灣借名片。要借的這張名片，不可能是一步到位的「台灣共和國」，因為那違背了政治進程的邏輯，不符美國的當下利益。要借的名片，最可能是「中華民國」，「Republic of China」，因為英文名字有個「China」。那美國是要重新承認台灣是中華民國而搞兩個中國？別天真了，美國怎會替自己添亂。

先岔開話題，再繞回主論述。一九四九年，中共黨內辯論究竟應該保留「中華民國」國名還是另取名為「中華人民共和國」。拍板後一段時間，毛澤東後悔不已，說當時應該沿用「中華民國」才對，可免去許多改名後的麻煩。鄧小平在世時，告訴蔣經國「什麼都可以談，包括改國號國旗國歌」。二〇一二年習近平剛上台之際，中共黨內熱烈討論「中國共產黨」可不可以改名為「中國社會黨」或「中國社會民主黨」，這是中央黨校人士讓我親眼看到的文件。台灣和中國的年輕世代大約都不知道這些歷史事實，但是總聽說過中國海內外許多知識分子的「民國熱」或「民國情懷」吧。二〇一二年，中國也熱議「頂層設計方案」，也就是修憲的民主方案，當時一位上海的法學學者說：修什麼憲，抄一抄一九四六年版的《中華民國憲法》就行了！

回到主論述，請繫緊安全帶：如果在國際、國內高壓鍋形勢下，中共喪失一黨專政的地位，那麼一九四九年滯留後被迫改名作花瓶的「中國國民黨革命委員會」（民革），可不可以妾身扶正，恢復「中國國民黨」的名字？在喪失一黨專政後，如果習近平（或任何其他替代者）被迫拿出當年鄧小平「什麼都可以談，包括改國號國旗國歌」的氣魄，漢字國號改回「中華民國」，英文國名也改回「Republic of China」（ROC），國旗、國歌則可改可不改，而人民並不反對，是否完全不可想像？

這景象下的最大困難，就是很多台灣人會不同意，一方面出自感情問題，一方面出自政治恐懼。「中華民國」（ROC）名號被拿走，那台灣剩下什麼？台灣會不會更危險？這兩方面的顧忌，解析如下。

首先，台灣並沒有被拿走什麼。全世界早就都稱呼台灣為「台灣」（Taiwan），美國與台灣的實質關係也叫作《台灣關係法》（TRA）、《台灣旅行法》（TTA）、「美國在台協會」（AIT），絕大多數其他國家在台灣的代表處都是

「台」。因此，在「中華民國ROC」被品牌轉移之後，台灣剩下的，就是「台灣」（Taiwan）。

再來就是台灣的安全問題。上文已說，「最終的『中國方案』必須是一個美、中、日、台、歐亞都能接受，並且大家多少都得到一些好處的和平方案」請特別注意「和平」兩字，美中對峙固然已成定局，但除非不得已，美國人並不想和中國人打仗，中國人也不想和美國人打仗。

說到這裡，又得先岔開一下話題。二〇一五年一月，我在《與習近平聊聊台灣和中國》這本書中，提出了一條中國和台灣和平共處的方案。我建議習近平在解決權力問題後，先做三件事，然後做第四件事，然後再做第五件事。

簡要地說，第一件事就是將主要資源投向民生，第二件事就是開放縣級以下一人一票選舉，縣級以上仍保留中央直派（這動作不需要修憲）。這兩件事如果啟動，將為他帶來中國國內、國際的絕大名聲及威望，為第三件事打下堅實基礎。第三件更是大事，因為中國所有的國安威脅，包括新疆、西藏、南海、東海、台灣議題，都來自一個誤區——民族主義下的「絕對主權」迷思。而既然中國和美國都承認「世界上只有一個中國」這命題，且台灣議題對「一個中國」的原則永遠存在威脅，那何妨由中華人民共和國向美國提案，在已經存在的中美三公報之下，再簽署第四公報——「台灣永久中性化協定」（The Permanent Taiwan Neutralization Agreement），以之向世界宣示中國的和平誠意，並以此緩和所有因民族主義絕對主權而來的國家安全威脅。這裡，「中性化」（Neutralization）概念是關鍵，其與「中立」（Neutrality）有本質的不同；「中立」只能由當事者（台灣）本身宣示，而「中性化」不需要台灣的同意。其中法理，有如當年美國與台斷交、與中建交，並不需要徵求台方的同意一樣。並且，在第三方協定的「中性化」下，台灣毋需放棄武裝。

做完這三件事，就可以進行習近平念茲在茲的第四件事了：連續執政二十年。我書中建議習近平採取「總經理制改董事長制」，也就是「黨總書記制改為國家主席制」，這樣在二〇二二年的人大（人民代表大會）中，打破同額陋習，仿效香港的超額間接選舉制度，而他本人一定高票當選董事長（國家主席），而不必打破中共「總書記十年制」，另選「總經理」（總書記）就可以了。

在這四件事的基礎上，習近平已經具有足夠的威望來做第五件事：開放黨禁。書中舉了個例子：新加坡一開國就是多黨制，但是第一次投票就贏得百分之九十六票源的人民行動黨，通過法治下的開明專制，得以在連續執政五十年之後，還能保有百分之六十五的支持度，因此中國共產黨實施逐步民主化有什麼好怕的？在那本書中我預言，如果習近平不走這條路，中華人民共和國就只剩下一條不歸路——法西斯國家，終有一天被國際圍剿。不幸的是，習近平在二〇一七年搶先做了第四件事，而置頭三件事於不顧，這樣一來，第五件事更加做不到了，走上了不歸路，自我踏入被國際圍剿的境況。

敬酒不吃吃罰酒。而今，在國際上習的「中國夢」已破滅，在國內，拔苗助長的土地財政已不可持續，黨內派系鬥爭已進入白熱期，權貴家族天文數字般的貪腐新聞及案件頻出，靠官府勾結而獲得暴利的企業家逃的逃、死的死，比較踏實做事的民間企業家一籌莫展，整個中國社會邁進數位化嚴控狀態。中國藉以發展的四大經濟利多——人口紅利、土地財政、美國秩序下的出口便車、人民幣信用——一件都不復存在。即使沒有外部的壓力，中華人民共和國也難以再支撐自己的肥肉體量了。

更為關鍵的因素是，中共已經徹底對人民毀約了。中國老百姓明白得很：你照顧我食衣住行，再給我發財機會，再容許我在有限領域內作土皇帝，我就放棄我的小領域外的自由意志和政治權力。這「約法三章」是中共一黨專政合理性的唯一基礎，現在一章都沒了。除了權力核心幾千人，十四億中國人民都在等待一隻和平的黑天鵝。但中國人民必須被提醒，向台灣取回「中華民國ROC」名片，可能是唯一的一隻和平黑天鵝。如此，前文所敘述的我建議習近平做的五件事，依然可行，全世界將鬆一口氣，中國未來依然可光輝。

「中華民國ROC」是個品牌，歷史上政治實體之間的品牌轉移層出不窮，想想歐亞大陸上發生過的那許多案例。就在兩週前[5]，馬其頓共和國（Republic of Macedonia）才將「馬其頓」這品牌轉移給希臘，改名為「北馬其頓共和國」，解決了雙方爭議多年、幾乎開戰的歷史殘留問題。

那麼，「中華民國ROC」這品牌當然也可轉移，雖然東方人不太習慣這個概念。一個「非一黨專政」的中國，對台灣來說無論如何都是個好消息。對美國和日本來說，他們信守了「一個中國」的承諾；而中國共產黨當然會抗拒，但是全世界的建交簽約對象都是中國政府，而不是中國共產黨，因此任何國家都沒違約問題，只是簽約國改了個名字、開放了黨禁罷了。

至於在台灣的「中國國民黨」要不要改名去掉「中國」兩個字，還是選擇回到中國加入中國國民黨，那是他們的自由選擇。再說，屆時的「新中華民國」真的會很需要台灣的多黨化轉型經驗，應該對伸出援手的回歸中國國民黨員歡迎都還來不及。

這隻控制權不在台灣的黑天鵝如果飛來，過程中會有許多艱辛，但是正如英國脫歐、馬其頓贈名一樣，雙邊人民都有許多人反對，法律及實務的細節也需要摸著石頭過河，歷程需要數年之耐心。過程中也不能排除局部擦槍走火的可能，此處特別要點出的是，中共在目前內外高壓鍋的境況下，勢必落入「熊市心態」——只要能保本，什麼手段都可以；保本就是兩點：共產黨的一黨專政，中共家族的既得利益。在保本心態下中共會不會狗急跳牆，武攻台灣以「救市」？這可能性是存在的，這也是台灣必須做足內政及國安功課以避開陷阱的原因。

但如果成交，這將是川普此生所啟動的最大、最有意義的一筆交易。而習近平呢，如果還是他的話，將青史留名。台灣呢，當下就像一家處境尷尬的已上市公司，究竟是

5　編注：指二〇一九年二月十二日。

靜待熊市合算呢，還是順勢先做品牌轉移再徐圖未來合算呢？台灣不妨想一想。

▼再論「美國借名片」：Taiwan 還是 R.O.C.？

二〇一八年，我判斷美國將向台灣「借名片」，當下，事態正往這方向發展，台灣社會必須對以下三個問題開始探討及辯論：究竟是出借哪張名片？一步到位還是分兩步走？中南海的可能反應及台灣的對策？

關於「美國借名片」這個概念的要點，此處再簡述概說：（一）若美國認定只有改變中共政體才能遏止中國的軍事擴張，最有效的方式就是向台灣借用名片，因為惟有通過台灣名片的力道，才能動搖甚至瓦解中共的統治。（二）地球上沒有「台灣問題」，只有「中國問題」；中國問題的解方在台灣，尤其繫於台灣的主體性，也許台灣人自己不這樣看，但世界是這樣看的。（三）「反中共不反中國」、「反共產體制不反中國人民」已經成為美國共和、民主兩黨的共識。（四）「R.O.C.」這張名片對美國具有重大的可操作品牌價值，而「Taiwan」這張名片對美國有重大的長期戰略價值。

接下來探討三大核心議題。首先，從台灣利益的角度，應該出借哪張名片？若能在無恐懼的理想狀態下舉辦公投，當下的台灣多數人肯定是希望美國及國際一步到位地承認「台灣共和國」（R.O.T.）這張名片。但從中南海的角度看，等於是美國向中華人民共和國（P.R.C.）直接主動宣戰，這並不符合美國的國家利益，即使對美國的死忠盟友而言，國際法上的操作也過於複雜難行。因此，台灣社會不得不深思，如此一步到位真的符合台灣在現實政治下的最佳利益嗎？

但是，若「一步走」切割成為「兩步走」呢？我在〈香港國安法 北京跨過奈何橋〉[6]一文中寫到：「如今北京強渡關山，不惜撕毀《中英聯合聲明》，這樣一來，英國在法理上也可以要求WTO取消香港的實體地位，美國也可以理所當然地取消對香港的所有特殊待遇。甚至，中共跨過的這條國際紅線，有朝一日也可能成為美國撕毀『美中三公報』的案例援引。」

當下，美國通過的種種對中共政權的法案，加上醞釀中的《防止台灣遭侵略法》

6 編注：發表於二〇二〇年五月二十四日。

（Taiwan Invasion Prevention Act），實質上已經動搖了「美中三公報」的基礎，只差對峙形勢進一步惡化後的宣示了。台灣現在得問自己：假設美國要借「R.O.C.」這名片，屆時政府同不同意？當然美國也可技巧模糊地避開「China」和「Taiwan」這兩個字，而用例如「two Chinese nations」（兩個華人國家）這樣的字眼，屆時台灣人同意嗎？台獨工作者同意嗎？

美國若走這條路，最終目的當然不是為了創造「兩個中國」，那對美國利益一點好處都沒有。這樣做一定只是過渡性的「品牌操作」，若干年後可進行「品牌轉移」。那麼，台灣在「中華民國R.O.C.」品牌被「先借後轉」之後，剩下什麼？你很聰明，你猜對了。

然後，川普在距離總統交接日只有十一天的時刻，似乎啟動了「借名片」的列車！美國國務院在二〇二一年一月九日發出政策「移除美台關係的自我限制」（Lifting Self-Imposed Restrictions on the U.S.-Taiwan Relationship），宣布以往所有對美國各級官員與台灣打交道的限制，即日起失效。聲明中稱台灣為美國的「非官式夥伴」（unofficial partner），對於台灣海峽對面的那個國度，用的稱謂是「北京的共產黨政權」（Communist Regime in Beijing）。

在「美中三公報」還處於有效期下，國務院的文件中竟然沒有出現「中國（China）」、「中華人民共和國（P.R.C.）」的字眼，而直稱為「北京的共產黨政權」。這種下筆方式，若在中國就會被形容為孔子在編撰《春秋》一書時，通過微言大義表達是非的「春秋筆法」。

我之前分析過，美國借用哪一張名片，「Taiwan」還是「R.O.C.」，用意不同。情況大致是：借用「R.O.C.」這張名片對美國具有短期可操作的戰術價值，而借用「Taiwan」這張名片則具有長期的戰略價值。

但也不能完全排除一種可能：白宮在情急之下，將長期戰略拿來當短期戰術使用。台灣，安全帶請綁緊，內部不要再瞎鬧了，因為世局已經走到了台灣是親白宮還是親中南海，都已經無關緊要了。

▼拜登承襲「借名片」戰略？帛琉來訪的想像空間

帛琉總統訪問台灣，帶來了美國駐帛琉大使。或者，正確的說法應該是，美國駐帛琉大使訪問台灣，帶來了帛琉總統？

這個位於菲律賓民答那峨島（Mindanao）正東方、關島西南方的國家，由兩百多個迷你小島組成，加總起來的面積，也不過四百五十九平方公里，約莫三個金門的大小。國民人數兩萬餘人，約莫是宜蘭冬山鄉的一半。

五年前注意到帛琉這個國家，它具有非常獨特的政治性質。帛琉在國際間有好幾種稱呼，Belau、Palaos，還有Pelew。其二戰後於一九四七年由聯合國指定為託管地，由美國託管。一九八二年帛琉與美國簽訂《自由協同約定》（Compact of Free Association），由美國負責帛琉軍事防禦。一九九四年帛琉獨立，正其名為「Republic of Palau」，同時帛琉共和國增修《自由協同約定》，延長美國的軍事防禦責任至二〇四四年。

帛琉共和國的憲法，第三章「主權及至高權」（SOVEREIGNTY AND

SUPREMACY）第三節中明文寫出：「政府權力可以通過條約、約定或其他合同，將軍事國防或外交事務，外包給另一主權國家或國際機構……」（Major governmental powers including but not limited to defense, security, or foreign affairs may be delegated by treaty, compact, or other agreement between the sovereign Republic of Palau and another sovereign nation or international organization.）

以上對帛琉的介紹，與台灣有什麼關係呢？我們這就來看看。

從地理性質看，「台灣」（Taiwan）這個島嶼的歸屬，二戰後一直處於夾縫之中；夾縫的一邊是一九五二年生效的《舊金山條約》下的歸屬未定，另一邊是由中共一黨專政的中華人民共和國（P.R.C.）堅持的「自古以來屬於中國論」。

從政治性質來看，「台灣」這個島嶼，在《舊金山條約》下日本放棄台灣島後，實質上由中華民國（R.O.C.）治理。一九四九年中華民國政府搬遷到台灣島，美國繼續外交承認中華民國，也默認中華民國對隔岸中國大陸的領土宣示。但一直到一九七九年美國與「R.O.C.」斷交、與「P.R.C.」建交，美國從來沒對地理性質的台灣島之歸屬表態，連《舊金山條約》中放棄台灣島的日本政府也從未正式表態過。

台灣人因此落入地理和政治交雜的幽冥界中。「R.O.C.」這個名字，目前國際上只剩下十五個國家承認，其中一個就是帛琉共和國；然而，全球卻有一百一十二個國家對那本封面上同時印著「Taiwan」和「R.O.C.」字樣的護照實施入境免簽證，而「P.R.C.」護照的免簽國數量，連台灣的車尾燈都看不到。

狀況有尷尬的一面。住在地理台灣島上或已經離開台灣島的人，只要拿著「R.O.C.」公民身分證，就可以依照「R.O.C.」的憲法，投票選舉總統。只是，一部分的人相信他們在選中華民國總統，另一部分人相信他們在選台灣總統。

尷尬的反面就是特色。台灣這個島＋島上的公民＋所實施的制度，在國際體系中行走，具有多重身分。他國政府及人民普遍認知的身分叫作「Taiwan」，世貿組織（WTO）的認知叫「TPKM」（台澎金馬個別關稅領域），國際奧林匹克委員會的認知叫「Chinese Taipei」（中華台北），另有十五個國家的認知叫「R.O.C.」。

你知道還有什麼事物具有多重身分嗎？那就是物理學中的自由粒子（Free Particle）以及量子（Quantum）。自由粒子是不被位勢束縛的粒子，在條件下可改變性質；而量子是隨著觀察者不同而狀態不同，無法被測量。

台灣就是世界政治領域內的自由粒子及量子！它的變化，可以改變世界格局；它作為槓桿點，可以讓政治界的阿基米德撬動地球。為什麼？因為台灣有四張名片。每一張都有妙用，就看台灣人會不會用。

美國駐帛琉大使協同帛琉總統來到地理台灣島，對美國是一張絕妙的牌。想想看，一個承認「R.O.C.」名片的國家帛琉造訪「R.O.C.」，一道來的卻是一個代表美國政府造訪「Taiwan」的大使。這副牌往下打，既可是戰術的，也可是戰略的；既可選擇用「R.O.C.」名片挑戰「P.R.C.」內共產黨一黨專政的合法性及合理性，也可選擇用扶植「Taiwan」名片來駁斥中共的「自古以來屬於中國」論。

最終美國會朝哪一張名片移動，基於以下兩個變數：（一）中共的後續全球動向；（二）台灣島上人民有沒有共識？以及共識的強度？我的觀察是，這兩個變數的分量，後者並不比前者輕。但我不肯定的是，台灣社會能否區分名片與實質，是否懂得登高山途中必須有中途站？

三、備戰不只軍事，民防、心防也是勝負要素

前言：全方面理解中共對台灣的威脅層面，哪些是真的？哪些是假的？真的如何應對？假的如何看穿？台灣的國安，除了正規軍，真正力量在什麼上？台灣社會對備戰的誤區在哪裡？我們一一道來。

◎政治備戰：如何去除兩岸和統獨思維？

▼大一統，大二統，大多統，自獨，被獨

我知道此節的題目很怪，但在「統獨」問題上，台灣人民、尤其是總統大選年的參選人和廣大選民，需要開腦洞。

世界是複雜的，越重大的事情，越不能被限縮至二分法；台灣未來的世界定位，乃一重大事情，相信沒人會說不是。然而，台灣的政治話語已被限縮在「統獨」的二分法內，這點急需打破。打破成見，首先必須開腦洞。

先聊聊「統」這個概念。長久以來，「統」的定義都被共產黨和國民黨壟斷，年輕的朋友都知道中共想「統一台灣」，但未必聽說過早年國民黨的「三民主義統一中國」；這兩黨的思維習慣是殊途同歸的。其後國民黨雖然提出「不統不獨不武」，但在語境下這個「統」字還是老概念。至於二〇一八年選舉期間馬英九突然說出的「不排斥統一」，更是凸顯了老國民黨腦中的「統」的概念和共產黨一致。

開個腦洞。為何「統」一定是「一」呢？為何不能有「統二」或「統多」？換個方式說，除了「大一統」之外，為何不能有「大二統」或「大多統」？

有人用東德西德的統一來支持「大一統」這概念，但是，這些人忘記了，統一後的德國是歐盟的主要推動者，而歐盟卻是個二十七個國家的「大多統」的雛形，即便德國本身，也是個「大多統」的邦聯國家。然後，南韓、北韓的局勢，也可能發展成為「大二統」的新經驗。再說美國，美國是個「大一統」的國家嗎？我看不是，美利堅合眾國實質上是個「大多統」的聯邦國家，否則哪來「聯邦調查局」、「聯邦儲備局」之類的稱呼？

談過了「統」，再來談談「獨」。許多人把「獨立」和「主權」兩個概念之間劃上等號。但實情是如此嗎？烏克蘭已經獨立了二十七年，但俄國從未實質上尊重烏克蘭的主權，在俄國需要時，說打就打。伊拉克和敘利亞是不是獨立國家？有人尊重過它們的主權嗎？在台灣眼裡，日本當然是個獨立國家，但日本敢在沒得到美國同意之前施展一個主權國家的武力嗎？

非洲，充滿了獨立的國家，但請問有幾個國家具有實質上的主權？倒是以色列，人口只有七百餘萬人，其中一百多萬還是穆斯林，其實質主權遠遠大於許多比它大上幾倍、幾十倍的國家。還有新加坡，你別看它小，北有馬來西亞、西有印尼的地緣威脅，但它採取徵兵制，所有男人都是軍人，一直到四十歲都還得定期回營軍訓。你打它試試看。另一個有意義的例子，就是庫德人，距離獨立還遙遙無期，內爭頻繁，但都願意為一個想像中的共同體拿起刀槍。

這反映了什麼道理呢？就是「獨立」有兩種，一種叫「自獨」，一種叫「被獨」，區別就在國民團不團結，願不願意用武力保護自己的國家。自獨的國家，才談得上實質意義的主權，而被獨的國家，主權是虛的或僅是部分的。

因此，地球上現在有四類群體：獨立而有主權的、獨立而沒主權的、還沒獨立而有主權的、還沒獨立也還沒有主權的。這樣分類，粗糙了一些，但大致上如此。那麼，台灣的現狀屬於哪一類呢？支持台獨理念的人，腦中的「獨立」是自獨還是被獨？是否願意拿起刀槍來捍衛台灣呢？

結語就是，大環境是變化的，不是任何單方能控制的，世界是立體的，任何對「統獨」的思考軸線都不能是二分法的。不幸的是，台灣現在被二分法綁架了，一部分人相信「非獨即統」，一部分人相信「非統即獨」，大大地限縮了台灣內部團結的空間。老一代人在歷史情緒下如此，但年輕世代得打開腦洞，在立體的、多維度的思考下，審時度勢，創造一條對台灣最有利的路徑。

▼「國安議題」與「台灣定位」是兩回事

二〇二〇年台灣大選，三個政黨都把「國安議題」和「台灣定位議題」列為重中之重。這三個黨就是：民進黨、國民黨和中國共產黨。每逢大選，這三個黨都會「雞蛋炒鴨蛋」，炒到你分不出哪部分是雞蛋，哪部分是鴨蛋為止。

為什麼這三個黨都會朝著「台灣安全議題」＝「台灣定位議題」的模糊公式操作？因為民進黨要用這等式來爭取選票，國民黨要拿這等式來爭取北京的支持，共產黨要用這等式來嚇唬台灣選民。

「台灣安全」、「台灣定位」這兩件事一旦劃上等號，所有相關的政策都會變成「張飛打岳飛」。例如：買不買美國F-16V戰機這事，就可以被有心人從國安議題轉化為台獨議題。反過來，該不該正名制憲這屬於定位的議題，就可以被有心人轉換為國安問題來操作。台灣選民，多半會落入這政治圈套，再度凸顯台灣社會長期思緒混亂、邏輯不清的毛病。

事實上，國安是國安，定位是定位，兩者應該完全分開關心、分開辯論。用最簡單的比喻：一個人的人身安全，和這個人的人格是否獨立是兩件毫不搭嘎的事。人格還沒獨立的人，走到街上一樣得注意自身安全。反之，每個人都百分之百有權利保護自己的安全，不管他人格是否已經獨立。

明白了這個最簡單的道理，就可以達到如下判斷：一、台灣買不買軍備、是否爭取美國的奧援，判斷基礎完全落在是否可增加台灣的國家安全，而和台灣是獨是統或是其他身分，應該分開判斷。二、台灣是獨是統或是其他身分，和台灣應該實施哪種政策才能提高國家安全，應該分開判斷。

選民看法可以不同，票投給誰是每個人的自由。但是腦中「張飛打岳飛」，任由政黨胡攪蠻纏，等同自我降低公民格調，遭政黨利用而不自知。

用一個故事來闡明這道理。法國作家雨果在《悲慘世界》這部描繪法國大革命的小說中，主人翁尚．賈衛，為了已經快餓死的女兒，打破了麵包店的窗戶偷了一塊麵包，結果入獄十九年。獄中做牛做馬，出獄後被一位陌生神父的義行感動，立志做一個有用的好人。改名換姓開辦了工廠，成為了小鎮鎮長，拯救了喪母孤女。後因被誣陷而再度浪跡天涯，帶著孤女，再度改名換姓。

他人格絕對獨立，但並不因為自傲於人格獨立而輕忽了自己和親人的安全。另一方面，在安全有保障的時候，他做出了許多只有獨立人格的人才會做的事。他兩度改名換姓，為的是安全，為的是保持他的獨立人格。

什麼叫高尚、高貴？這就叫高尚、高貴。台灣必須從雞腸鳥肚的小氣中走出來，走向高尚、高貴。台灣的名字今天是叫「台灣國」還是「中華民國」或「中華台北」，台灣都得保障人民、社會、國家安全，這兩件事情怎能張飛打岳飛，胡攪成漿糊？另一方面，台灣要社會安全、資訊安全、國防安全，又關台灣的定位何事？

請政黨、政客們從齷齪的泥巴戰中走出來。任何人都不要用「中國比台灣齷齪一萬倍」這理由來自慰，更不要大聲辯解「美國的政黨鬥爭就不齷齪」，這種反應模式，就是在比爛。比爛的邏輯就是，自己肺癌一期不治療，理由是別人肺癌二期或肝癌末期。

別人的肺癌二期、肝癌末期，關你的肺癌一期什麼事？你就不用治療了？一個用「你看它更爛」來安慰自己的國家，就是一個沒有希望的國家。

接下來台灣還有多場選舉，怎麼投票？投給誰？大原則之一非常簡單，凡是把「國安、社安議題」和「國家定位」主體性議題混為一談，或用其中一項來論證另一項的候選人，不管是選總統或選立委，就把這個人從你的腦中劃掉，因為其人若不是沒把台灣放第一，就是頭腦不清，沒資格代表台灣。

▼「反併吞」應該定為台灣國策

對台灣最有利的是，對美國「不掉隊」，對中國「不插隊」，然而，這兩者之間的分寸如何拿捏？平衡密碼又在哪裡？台灣還有人在附和北京所定義的「九二共識就是一國兩制」，以為這就是平衡點；也有人期待美國一步到位的承諾武力保衛台灣安全。這裡我想說，前一種做法是找死，後一種念頭是等死。請容我將問題展開來談。

很明顯，中共在國內、國際形勢的巨大壓力下，為保一黨專政，需要喘息空間。因而其介入台灣二〇二〇年大選的核心戰略是「反台獨」，話術就是「一國兩制」，以台灣議題換取其生存時間。在二〇二〇年反獨行動成功後，中共便會順勢使得「台灣已經不可能獨立」的命題在國際上造成板上釘釘的事實，然後再通過統戰文攻、軍事武嚇，瓦解台灣人心，徐圖它所謂的「統一」。

台灣方面，則因至今未能達到國內共識，因而非常脆弱，陷入了互鬥自殘。這正是中共所樂於看到的，也是其「大計」所要的結果——證明台式民主只能帶來一盤散沙。當前，台灣的各方主要勢力，正在朝著中共設計的方向發展，無論是獨派、台派、綠派、白派、藍派，都陷入了「非獨即統、非統即獨」的二分法。

我在此前反覆指出，「統獨二分法」本質上是中共、國民黨、民進黨及它們的附隨組織三方的「共生陽謀」；中共用它來作為在中華人民共和國內一黨專政的合理性基礎，國民黨用它來刷存在感及護票，民進黨用它來維持自身存在的基礎。現在，連獨派、白派都開始冒出「統獨議題才是票房奶頭」的傾向，中共的戰略已經成功了一半。

「統獨二分法」成為中華人民共和國和台灣兩邊政治勢力的共同「保生大帝」神主牌，這是台灣人民的大不幸，也是台灣超生、樹立主體性的最大隱形絆腳石，需要被破解。破解之道如下。

首先，在日後的任何選舉中，不要用「反中」、「反獨」作為核心訴求，而要開宗明義、毫不模糊地以「反併吞」為核心概念——台灣人民不見得反對模糊概念的「中國」，但是百分之百反對被中共體制「統一」；台灣人民不見得願意為「台獨」流血，但必須願意為「反併吞」流血。「反併吞」就是反對和中共體制合為一體，「反併吞」不等於「反中」，也不等於贊成「台獨」。

「反併吞」，就是台灣的最大公約數；台灣如果要辦國家定位公投，現階段公投的問題不應該是「你贊成獨立還是統一」，而應該是「你是否反對被中共體制合併」。

「你是否反對被中共體制合併」這個提問，應該出現在每次總統候選人公開辯論中，作為是非題，而非申論題。所有的立法委員候選人，也應該接受這個提問。民間相關的團體，也應該拿著這問題，白紙黑字地請候選人勾選並簽名。當然選舉中還有很多很重要的內政問題，但在國家定位和國際政策領域，以上那個問題應該是唯一的問題；這問題之外的問題，都是扯淡。迴避這問題的候選人，很簡單，把他/她的名字從你心中劃掉就可以。台灣選民如果看不清這點，還去聽取、接受、駁斥所有其他阿里不達的迂迴表述，那就是台灣選民活該，將來受罪也只是剛好而已。

中長期來看，「反併吞」應該成為台灣的國策，一直到國際大局有了根本性變化為止。什麼叫「作為國策」，很簡單，就是不論是國內政策還是國際政策，只有一個檢驗標準：這項政策對「反併吞」是有利還是有害？有利則進行，有害則拋棄；至於有利還是有害，訴諸公開透明的辯論。例如，台灣以政府的身分和中國共產黨簽署「和平協議」，對「反併吞」是有利還是有害？某重大投資案的出資方，對「反併吞」是有利還是有害？修改某法條，對「反併吞」是有利還是有害？

另外，「反併吞」的種種政策，不能只在台灣內部做，必須把戰線拉到國際上，讓國際社會知道，請各國來評價、來監督。這是因為，世界其實並不關心「台灣問題」，但世界沒有一個地方不關心「中國問題」。唯有通過有效行動，讓世界知道，台灣的「反併吞共識」足以影響世界對「中國問題」的解決方案規劃，才能使世人正視台灣的世界角色。

對「反併吞」立場的共識，才是當下美中對峙、國際全局下的平衡密碼。重要的話再說一次：如果台灣選民連「反併吞」的共識都達不到，而還花精力去聽取、接受、駁斥所有其他阿里不達的迂迴表述，那就是台灣選民活該，將來受罪也只是剛好而已。

▼「卒」、「馬」、「車」角色，台灣不可自欺

二〇二一年初蔡英文政府大幅調整了國安及國防的人事布局，幾乎所有台灣媒體的辯論都環繞著一條主線：這樣的調整算不算是對北京發出善意？是不是在對美國新政府下的可能新政策方向做出超前部署？最極端的猜測甚至是：蔡英文是在為蔡習會布局！

在這樣的討論氣氛下，冒著得罪多方的風險，我還是要像破唱片一樣，再重複一次四年來說了幾十次的一組看法。因為，二〇一九至二〇二一的世局巨變已經不容許台灣再犯一次過於天真的錯誤。而我必須（再次）抱歉地說：不管藍綠，現在還以為「兩岸關係」的改善（或惡化）就會影響台灣前途的人，恐怕都是天真派。

台灣社會，不分藍綠在心理上無法突破的「兩岸關係」概念，事實上在二〇一七年就已經不存在了。該年二月，我首度寫道：世界上已經沒有單純的「兩岸關係」，而只有「第一島鏈區域安全網」關係。

而我在二〇二〇年五月又用〈台灣已進入五角關係〉來提醒讀者，要旨是不但「兩岸關係」早已失效，連「美中台三角關係」這個概念也已經太簡化而失去分析現實的作用了。哪五角？即「美利堅共和國、中華人民共和國、中國、中共、台灣」這五方。或許用英文來表達比較清楚，五角就是：The United States, People's Republic of China（PRC）, China, Chinese Communist Party（CCP）, Taiwan。

使得「兩岸關係」無用、「美中台三角關係」失效的，就是很多人不喜歡的美國前川普政府。川普團隊為美國留下的最大政治遺產，恐怕就是區分了「中國China」和「中共ＣＣＰ」，也就是說即使「中共」今天代表「中國」，並不等於中共能萬世代表中國。

川普在這方面著力之深，新上台的民主黨拜登政府，已經不可能回到「中國等於中共」；即使擁抱熊貓派再度抬頭，也只能擁抱「中國」，而不能擁抱「中共」。

以象棋為比喻，在「兩岸關係」的年代，台灣在東亞棋盤中的角色是「卒」，在「美中台三角關係」年代台灣是「馬」，而在川普奠定的「五角框架」下，台灣依然是棋子，但角色已經由「馬」，變成了「車」。中南海肚子裡雪亮，台灣作為「車」的地位已經無可倒退，因此雖然表面上文攻武嚇加重，但事實上已不得不接受這個現實：若要和台灣打交道，就得認清台灣作為「車」的角色和力道。

眼前，深綠獨派力推台灣在東亞棋盤上變成「帥」，而已失去蔣氏父子反共情操的深藍統派則用力把台灣推回「卒」的角色。這兩端中，不排除其中有真正基於信仰、價值者，但讓我們不要自欺，其中大多數都只是在台灣的選舉制度下拉票的「大內宣」，玩弄的是台灣良善人民情緒上的「舊情綿綿或舊恨綿綿」。等而下之者，甚至就是有致命把柄落在對手或中共手中的自保演戲。

台灣不要再浪費精力討論、辯論哪一個「人」、哪一個「派」可以影響中共或美國白宮了。因為，哪個政治人物或哪個政派都已經無法對中南海和白宮起作用。台灣應該就把自己視為坐在一輛高速列車中的乘客，車頭內有兩個不合的駕駛在爭奪油門、煞車及轉軌權，乘客自己之間的叫罵與內鬥是沒有意義的。找到最大公約數、收集防護設備、吃飽睡足鍛鍊身體、研究列車進入不同軌道後的對應計劃、團結移動到列車的重心位置以平衡列車的震動、發揮自己作為「車」的分量和東亞區域中其他車廂中的「馬」、「砲」、「卒」深化關係，這些才是正辦。

◎思想備戰：如何深刻認識中共統戰術？

前言：思想備戰的敵手，當然就是中共的統戰。不只在台灣，中共的統戰已經遍布全球。

▼台灣人繞不出的統戰套娃

過去曾寫過多篇有關共產黨政治「水很深」的文章。你以為水深三公尺，再往下探才發現水深三十公尺，再一陣子才警覺到水深是三百公尺，最後的感嘆是，到了三千公尺都還沒見底。

「統戰」就是共產黨政治場域中最關鍵的環節。自一九三九年十月毛澤東將「統一戰線」列為戰勝敵人的三大法寶之一，八十年過去了，儘管「統戰」的涵蓋範圍越來越廣，技術也越來越精進，但是其本質萬變不離其宗，戰的方向依然是敵人的心理反應、認知框架，以及情緒模式。換句話說，統戰的對象就是敵人的頭腦，或者敵人的敵人的頭腦。前面所說的「水深三千公尺還不見底」，也可以理解為，成功的統戰，就是要讓你頭腦中的反應、認知、情緒的方向，不管跑多遠、跑多快，都脫離不了統戰為你預設的軌道。這，真是一門高深的學問。

當下，眼見台灣在共產黨的專業統戰技術下越陷越深，感覺非常有必要讓台灣人進一步認識到什麼叫「統戰」，或可幫助你自己意識到，在共產黨對台統戰的預設軌道中，你處於什麼位置。

先打一個形象比喻，然後再一層一層往下剝開。你見過那種叫作「俄羅斯套娃」的玩具嗎？乍看是一個娃娃偶，但搖一搖，發現裡面還有東西，旋轉開之後，裡面竟然還有一個娃娃！再搖搖，裡面還有東西，再旋開，裡面還有一個娃娃，再搖，裡面還有一個……

統戰，就是這樣一個俄羅斯套娃！最核心、最內層的叫作「黨」，外面包著一層叫作「國」，再外一層叫作「中」，最外一層叫作「華」。換句話說，共產黨這一黨專政的東西，外面的包裝紙叫作「國家」，而「國家」以「中國」作為包裝紙，「中國」又以「華人」為大包裝。（不敢掠美，「黨—國—中—華」這四層結構，概念來自史學家劉仲敬）。

統戰的核心目的，當然是要讓你認同共產黨。這不，在台灣還有一些人認同共產黨，相信在共產黨執政下生活會比在民進黨執政下更好，還有更多的人雖不喜歡共產黨但相信「共產黨來了不過是換一面旗子」。

你說這類人在台灣是少數，多數人還是了解共產黨是邪惡的，最終是會剝奪財產和殺人的。那好，我現在就用俄羅斯套娃來統戰你——你儘管罵共產黨，我甚至還暗中出錢助你罵共產黨，只要你不排斥外包裝中華人民共和國這個「國家」，相信某一天共產黨產生質變，例如鄧小平取代了毛澤東，或改革開放派取代了習近平，那時你的日子就會好過了。

看看各種逃離中華人民共和國的海外民運人士，多數人的心理、認知、情緒，還處在套娃的這一層。共產黨的統戰機構，也樂於出錢資助大量罵共產黨但認同「國家」的個人和媒體，形成統戰大外宣的重要一環。

那麼，如果你連號稱中華人民共和國的這個「國家」都不承認的話，統戰路線就會提升一級到套娃的「中」這一層。沒關係，那你承不承認你是「中國人」？只要你承認，那我也可以出錢出力讓你痛批「中華人民共和國」。目前，台灣充斥著大量落在套娃這一層的人，有些是基於舊情綿綿，難以厚非，但更多是基於過去的教育背景，也不乏基於純粹利益，或基於有把柄落在統戰機構手中。

最讓共產黨統戰頭疼的是那些連「中國」都不認的人。還好，套娃還有最外面一層。叫作「華」。你說你不是「中國人」，那你只要承認你是「華人」就可以了。因為，只要你承認你是「華人」，統戰機構就有無數的法寶把你吸入「中國」這一層葫蘆，例如廣泛資助「海外華人」回「國」，或幫共產黨辦事。錢，我多得是。

所以，統戰就是一個俄羅斯套娃結構的黑洞，把心理、認知、情緒上擺脫不了「華」的人想方設法吸入「中」這一層，再從「中」吸進「國」，等你到了這一層，就脫離不了「黨」的管控了。這就是軌道，不怕你討厭甚至恨共產黨，只怕你不進軌道的第一站。至於如何讓你由第一站坐到終站，方法太多了，念舊的我給你情，愛財的我給你錢，好權的助你得權，好色的那就再簡單不過了。只要有一件把柄在我手上，我就有令你順著軌道走的威力。

現在你該懂得為什麼毛澤東把「統戰」列為戰勝敵人的三大法寶之一了吧？你也應

該知道為什麼共產黨現在的大外宣總綱、套娃的最外層是「中華民族的偉大復興」了吧？事實上是，共產黨用統戰綁架了「國」、「中」、「華」作為其一黨專政的保證。每一個人都可以想想，自己當下處在俄羅斯套娃的哪一層？在內還是在外？

▼養總統：「蟬的功夫」

台灣和中華人民共和國有什麼不一樣？有三大不一樣。

最大的不一樣，當然就是台灣的執政黨會更替，而中華人民共和國的執政黨僅此一家，別無寶號。

第二不一樣，台灣的政黨是在選總統，而僅此一家的共產黨是在養總統。

第三不一樣，台灣選民選的是自己國家的總統，而自古以來就沒被選過的共產黨，養的是別人國家的總統。

還在發酵中的美國總統候選人拜登家族的「通共門」事件（本文於二〇二〇年十月二十四日發表於《蘋果日報》），對懂得政治本質的人來說，雖然會感到訝異，但也不至於嚇得說不出話，畢竟幾年前電視劇「紙牌屋」中就已經把白宮大位的爭奪情節描繪得七七八八了。

事件的真正駭人之處，尤其對台灣人而言，在於它揭示了中共在養別國總統上的「蟬的功夫」。一隻蟬的卵，必須在地底下潛伏十三至十七年，才會孵化成蛹，而破殼之際，蟬身會頓時膨脹，捲曲的翅膀會瞬間展開。卵，也不會只有一顆，而是分散在大地的各個層次、各個角落，各自等待對的時刻。

以上所言，可能用一個類比來呈現比較清楚，即香港特首的孵化過程。麻煩讀者用兩個關鍵詞——「共產黨培養、梁振英」——自行搜索Google，冒出來的頭幾頁幾十篇文字，大多是有關中共如何花十幾年，細緻培養數個未來的香港特首人選。細節請讀者自行閱讀Google出來的報導，但大致的意思是，合格者在年輕時就被選定，他本人當時都未必知道，共產黨會暗地裡助他成功，讓他十幾年內一切順風順水，待套牢之後，再把他過去成功歷史背後的材料，包括所有的不雅證據，全部攤給他看，問他願不願意更上一層樓。

「通共門」事件，在距離投票日前三週才爆炸，雖然猛料、關鍵證據、證人每日迸發，但在當下僅餘十天的時段內，已經來不及進入正式的司法程序，同時幾乎所有的主流媒體都對此事噤若寒蟬，但廣大社交媒體上的鼓噪聲量，已經注定了「通共門」將延燒到選後，無論是誰當選。

在接下來一連串的國會聽證、司法調查過程中，中共史上規模最大、用心最深、最為成功的國際統戰工作，細節將會像剝洋蔥一樣地層層剝開，其情節複雜度，可能遠遠超過美國歷史上涉及白宮的案件，更勝於尼克森的水門案、克林頓白宮性醜聞的魯汶斯基案。因為，「通共門」不但涉及權錢交易、色誘虐童，更撼動到了「總統／副總統」兩個職位的憲法角色和國安危機。

本質上，這是一場「動搖國本」的事件，足以威脅到美國建國的立憲基礎。接下來，大家會看到其所牽涉到的人物、部門，橫跨了民主、共和兩黨、模糊了行政、立法、司法的三權分立、連結了政要／華爾街之間的利益共同體、凸顯了媒體大咖／新聞名流裡通外國的蛛絲馬跡。記住，蟬的卵是遍及各個層次的。

基於事件的嚴重性，此案最終的調查結果，也不能排除落到「甘迺迪案」的命運——永遠塵封於國家機密檔案室。一九六三年十一月甘迺迪總統被刺，五十七年過去了，美國人民依然不知道謎底，因為謎底所牽涉的層面之廣，是足以動搖國本的。此案最終會不會被「淹掉」，就看川普是否敢於兌現剛上任時的誓言「清乾沼澤」了。

持平地說，顛覆別人國家這件事並不是中共的專利，美國顛覆別國的紀錄也史跡斑斑。但兩者之間還是有差別的：美國顛覆他國政府，都是為了美國的國家利益而不是政黨利益，而中共這樣做都是為了維持其一黨專政的利益。二者方式上也截然不同；美國通常都是明火執杖，而中共擅長的是利用對方的體制漏洞，長期地通過誘惑裹挾，滲透高層，換句話說，就是「蟬的功夫」。

「通共門」事件還在快速發酵，一般我們會用「擦亮眼鏡、拭目以待」來形容。但是，台灣社會得特別注意，即使把眼鏡擦得再亮，恐怕也不見得能把事情看清楚。因為，台灣內部媒體本身就是立場、情緒分裂的，即使英文好的人可看美國主流媒體，但如前所述，美國大咖媒體在「通共」這件事上本身就大多是「事主」。因此，建議想真正弄清事態的人，多看美國的自媒體。

「共產國際」的鼻祖列寧，最有名的一句話是：「共產主義絞死資本主義，必須利用資本主義自身的繩子」。因此，必須把本節標題再重複一次：「養總統：蟬的功夫」。對台灣重要的事情，至少得說兩次，讓我們想想，以台灣土壤的特色成分，土中有蟬卵嗎？

▼習近平改善了「毛澤東公式」

毛澤東有統治中國的雄心，一九三〇年提出了「三大法寶」：武裝鬥爭、統戰、黨建。在當時中國各種軍事派別四分五裂的大局下，毛氏的法寶排序是正確的：不先武裝鬥爭是無法強化根據地、削弱對手兵力的；對於無法消滅其兵力的對手，通過統戰來拉攏或者使其內部分裂；對於共產黨自身則必須一再鞏固黨組織的建設。

來到了二十一世紀，這三大法寶依然是有效的，只是大局已經不同，因而毛之後的中共幫主、尤其是習近平，必須改變優序。

來看看毛澤東當年所處的大局：（一）當時面對的是中國境內的鬥爭，武力威脅就來自身邊，生存第一，因此武裝鬥爭必須排第一；（二）當時軍閥眾多，每股勢力都遠超共產黨，打不過的，就以詐術欺敵、分化敵人內部；（三）打鐵還需自身硬，黨內的一條鞭指揮是必須的。

比較一下習近平就任前後的大局：（一）在美國「聯中制俄」的二十年間，世界解除了對中共的戒心，在美國保護傘下已經沒有地緣的武力威脅；（二）搭上了美國提供的「美國秩序列車」，藉由本質上是剝削勞動人民的「改革開放」，吸斂了大量財富，大致打包分為四份：四分之一歸黨內少數權貴家族，四分之一交由「民企」小弟代理人代管，四分之一用來「集中力量辦大事」，僅餘的四分之一用來維持十二億「未富百姓」的基本血汗勞動力；（三）中晚期的毛澤東已經將「統治中國」的雄心擴張到了「一統世界」，奠定了日後的中共總路線，在韜光養晦三十餘年後，習近平繼承的是一個他的小圈子自認已經不必再韜光養晦的強國了。

環境改變思路，思路改變優序。「一統世界」的終極目標不變，但三個法寶的優序變成了「統戰、黨建、武裝鬥爭」。不得不說，以習近平小圈圈腦中的狹隘世界觀來看，這種優序改變是完全合理的：（一）美國最終一定是共產黨一統世界的最大障礙，那就應該在美國友善期間，盡所能地統戰美國——收買其菁英、分化其社會；（二）共產黨內自「改革開放」三十年來，權力及利益已經嚴重的派系化、家族化，因此必須將黨「打掉重練」，收拾異己、接收資源、強化個人領導；（三）既然沒有重大的武力威脅，武裝鬥爭就該放後面。

美國方面，小布希總統八年忙於中東事務，歐巴馬八年忙於國內事務、雖稱「重返亞洲」但口惠而實不至。這十六年正好給了中共一段天賜良機——黨內家族斂財、全方位滲透美國各界菁英、偷偷摸摸地建軍。

美國及整個西方民主國家的政治人物，對中共這異形物種的了解，只能用「傲慢下的弱智」來形容。其實，只要找十個前中共黨員、十個中國大城市的計程車司機、十個工人、十個偏鄉農民，每個人用三天描述他的一生及日常經歷，就足以了解中共的本質了。但西方國家卻花了那麼多錢養了那麼多學者、智庫、媒體，幾十年來也沒了解中共本質上是個什麼東東。

好死不死，美國由於自身的經濟、社會問題，激出個從未做過官的素人總統川普，他深深懂得美國的根本問題出自二戰後自找的「美國秩序」已經太昂貴。他用生意的眼光看時局、用地產商的項目思維方式解構鏈條型的全球化，尤其是跨國企業、陳腐政客、華爾街之間的共生結構。

請讀者首先注意一件事：巨型跨國企業和華爾街金融氏族的基本生存動力來自一種專屬他們的全球化框架，而這個版本的「全球化」框架，與中共的「一統世界」的思維框架之間有著極大的邏輯概念相容性、利益互需性。

重點來了。正是這種生態圈內的互需，中共對美國以及西方的統戰滲透，最自然的下手點就是菁英群體中具有全球化傾向者。這群菁英人數有多少？說來很嚇人，根據過去幾十年來對全球權力分布的研究，有資格被稱為「統治階級」（Ruling Class）的菁英人數，全球不超過八千人，分布在政、商、學、媒、文化界。

你說習近平，不管是主動的還是被動的，他繼承了「毛氏三寶」並調整了公式的優序，以統戰為滲透世界菁英的第一武器，而且最多只需要統戰八千人。這件事是不是讓人害怕？

▼對台統戰，已由「統獨」轉向「反美」

當下是二〇二一年五月，我感覺到，中共對台灣的統戰主軸，近幾月來很明顯的由

「挑撥統獨議題」轉向了「挑撥美中議題」。準確地講，就是通過台灣的商業媒體、社交媒體，高強度、高密度地宣傳「美國不可靠」的說詞。

這點，請各位讀者自己體察一下，是不是這回事。你的Line群組、臉書友圈，近幾月來是不是突然出現了許多貶低美國、詛咒美國、看衰美國國力的短影片和文章？許多「深度體檢美國」的長文，開頭都是「一個同學寫的……」或僅僅「轉載」兩字？但仔細閱讀，由簡體字轉成繁體字的痕跡明顯，而且，道理說到一半，突然冒出一小段反美情緒，然後接著說道理，又突然冒出一小段反美文字，然後繼續說道理，如此週而復始。

這都符合納粹德國宣傳部長戈培爾的兩條鐵則：（一）洗腦必須讓人從不同形式的媒介、不同來源反覆看到同質的訊息；（二）最有效的情緒灌輸方式就是百分之九十說道理、百分之十灌情緒。

坦白說，自從印刷術發明以來，沒有一個政府或政權不做宣傳的。隨著收音機、電視機、互聯網的發明，各國的宣傳越來越烈，廣告業更是不遑多讓。低強度的叫宣傳，高強度的叫洗腦，這都不是什麼新鮮事。

在正常的競爭情況下，不管是宣傳還是洗腦，內容都是「我比較好」。大家想想，多數時候的政治宣傳或商品廣告，是不是都只在表達「我比他好」或「為什麼我比他好」？

但是，當宣傳品聚焦於「他不好」、「他不可靠」的時候，你就要小心了。因為，這代表情況已經由正常競爭，激化為不正常鬥爭了。

北京為什麼將對台統戰心法由「統獨矛盾」換軌至「美台矛盾」呢？判斷理由有三點：（一）反制美國從川普開啟到拜登延續的對台加碼政策；（二）自知「一國兩制」概念已經破產，促統已經失效，亡羊補牢之計，唯有提升反美情緒；（三）台灣內部原先心懷大中國神主牌的群體，在神主牌逐漸掉漆敗壞之後，需要一個新宗教，基本教義就是「反美救台」。

一九四九年以來，台灣都不是中共對外鬥爭的主要對象；對中南海而言，台灣的主要用途只有兩點：（一）用台灣的依然存在為理由，支撐其一黨專政的合理性；（二）用台灣作為美共關係的棋子。基於這兩點而設計的統戰框架內，台灣不能沒有統派，但也不能沒有獨派；獨派存在，共產黨才有一黨專政的理由，才有與美國周旋的餘地。

美國遲至二〇一九年才認清「中共不等於中國」這個基本常識，開始挑戰它一黨專政的合理性、合法性，這等於是開始刨中共的祖墳、挖中共的地基，連帶也賦予了台灣一個嶄新的政治戰略身分。這真正嚇到了中南海，於是將對台統戰的資源由「統獨」轉向「反美」的基調。

從現在到二〇二四，你將會看到日益增加的反美宣傳，也會看到很多莫名其妙就違反其專業跳出來為反美而反美的人物或事件，為了就是保持台灣內部的分裂。統戰之水，深不可測啊。

▼疫情之下，總體統戰開始

「總體統戰」指的當然是北京的對台作戰。經過過去兩年，西方盟國已認識到台海局勢乃世界命運的重中之重，這點已經毫無疑義。但世事多變，一旦到了一翻兩瞪眼的時刻，西方同盟會對台灣國安達到什麼樣的結論，坦白說，至少一半的因素還是取決於台灣社會本身。如果這段期間內台灣自己將自己表現為「糊不上牆的爛泥」或「扶不起的阿斗」，在別人不清楚協助台灣的真正成本的心理顧慮之下，台灣就會喪失最寶貴的時機。

另一件已經毫無疑義的事實是，中共整體已經明白，在西方同盟堅決維護台海安全的前提下，以武力登陸占領台灣是一件越來越困難的事。因此，北京必須先對台「下藥」。這藥單的洗腦成分是：（一）美國不可靠；（二）台灣執政黨無能；（三）台灣人就是一堆糊不上牆的爛泥、扶不起的阿斗。

防疫破功及疫苗短缺，乃北京下藥以達到上述三個目的的兩個見縫插針點。北京對台統戰是經年累月無時不在之事，但這次不同。之所以稱之為「總體統戰」，因為可明顯看出北京這次豁出去了，不惜曝光過去在台灣社會安插的所有明樁、暗樁、戀權樁、愛利樁、有錄影、錄音、文件在中共手中的無奈受制樁、收錢辦事的網紅、小編樁、有資產滯中無法脫身的企業樁、民族感情投射於中共的親共樁。

絕大多數人認為這次總體戰的對象是民進黨。我不同意這點。北京的對象是台灣的執政黨，不管哪個黨。即使現在是國民黨執政，所遭到的待遇不會有差別。其實，這正是台灣的政黨政治還不夠成熟之處，統戰的第一目的就是造成分裂，民進黨執政，就用國民黨製造分裂，國民黨執政，就用民進黨製造分裂。

台灣人太天真了。統戰是毛澤東三大法寶之一，當年用來搞垮國民黨，後來在台支持蔣家的對手以削弱當時還是家天下的國民黨，而今又「藍金黃」國民黨來牽制民進黨。台灣的政黨及選民若看不懂這點，不必談台灣的主體性。

為何又說「九十天」呢？因為美國官方對於武漢病毒溯源的攤牌，只給了中共（以及可能的美國國內同路人）九十天的時間。狗急是會跳牆的。台灣夾在兩塊巨石之間，自己若不趕緊「轉大人」，無論被何方夾傷，自己都必須負起兒童式天真的責任。

◎軍事及社會備戰：如何軍民結合？

前言：軍防和民防民團是一個銅板的兩面。當下最常被問的問題時：中共究竟會不會打台灣？不好意思地說，這是一個漿糊問題，它至少可以拆解為幾個問題：「打台灣」是什麼意思？海峽小規模交火算不算「打」？包圍封鎖算不算「打」？非登陸性質的攻擊，如局部武力破壞、基礎設施破壞、在台灣潛伏安置的「白區黨」（地下工作者）煽風點火鬧事算不算「打」？等等等等。

另一組必須分開的問題是：有沒有能力打？有沒有政治意圖打？「打」對中共一黨專政的威脅何在？

以上所拆解出的各種維度，本書的其他章節中都有涉及。此節集中關注一個焦點：無論「打不打」，台灣都需要備戰！由於地質因素，台灣必須時時「備地震」；由於地緣因素，台灣必須時時備戰，這道理還需要解釋嗎？

▼軍隊效忠的對象是「誰」？

這才是你真正該關心的問題。

軍力的強弱分為兩種，一種是硬實力，一種是軟實力；硬實力可以量化，軟實力則難以量化。但相信所有當過兵的人都會同意，軟實力的基礎是「榮譽感」和「效忠度」。曾被問過一個問題：台灣的軍隊，效忠的對象是「誰」？如果不知道為何效忠、為誰效忠，軍隊的榮譽感就失去基礎。因此，這問題沒有模糊的餘地，不是用「這個國家」或「這片土地」等模糊概念就可以打發過去的。

對這問題，我有一個明確的答案。台灣軍隊的效忠對象就是：民選政府。再來一個進一步的問題：台灣軍隊的保護對象是誰？答案：和你拿同樣身分證、同樣護照、同樣向同一個民選政府納稅的家庭。

軍事已經現代化，我們也需要具有當代意識的軍人。固然，我們可以訴諸一些人性的古老元素，諸如「同胞」、「生活在這一片土地上的人」等等說詞，但是，導致台灣當下無法凝聚共識、造成社會分裂的，難道不正是這些基於感情的古老概念嗎？台灣的各種力量，需要紮根在當代意識上，這包括了軍力。

台灣的地緣特性所造成的歷史、這歷史造成的社會構成，如果台灣人不面對，依然活在（自己都未必意識到的）舊情綿綿、舊恨綿綿當中，那台灣就難以由地緣宿命中昇華出來。不要忘記，在台灣近四百年來的近代史中，由地緣決定的宿命占據了超過百分之九十的時間，因此台灣沒有決定自己命運的習慣，而一出生就是民選政府時代的人，今天還不到二十五歲。也難怪今天大多數台灣人還是勇於往歷史找答案，怯於向未來找答案。不客氣地說，今天的台灣還是一個嚴重受到歷史宿命感框限的地方，若要追求一個新台灣，今天的台灣人是沒有資格以舊情綿綿或舊恨綿綿作為凝聚認同感的基礎的。台灣若要自立於世，至少在二十、三十年之內，必須以理性戰勝感情的方式來建立認同感。理性不是萬能的，但是此時此刻的台灣沒有理性卻是萬萬不能的。

就台灣論台灣，以台灣的地緣、面積、人口而論，若要屹立於世，唯一的理性立足點就是三位一體、缺一不可的民主、法治、自由。不是不能談人性的力量、不是不能論感情的力量，而是只有在「民主、法治、自由三位一體」的理性框架下建構出的認同感，才足以抵禦歷史遺留的舊情綿綿和舊恨綿綿的力道。

以上的話，換個方式說：若你家庭在台灣，你就沒有資格或條件，單以人性或感情作為你對台灣認同的基礎，你的認同感若不能座落在「民主、法治、自由三位一體」的理性基礎上，你和台灣都很危險。這裡的「你」，包括了台灣軍隊裡的每一個軍人。

因此，所謂的「台灣軍隊的效忠對象就是民選政府」，意思就是只要政府是民選的，只要這個民選政府做到「民主、法治、自由三位一體」，政府就是軍隊的效忠對象。至於「台灣軍隊的保護對象是誰」這問題的答案，換個方式說，就是向這個政府納稅的公民。

上述的話，其實有一個反面，雖然不好聽但是不能不說。那就是，在台灣當下的處境中，政府即使是民選的，但若做不到「民主、法治、自由三位一體」，那就可能無法獲得軍隊的完全效忠；若台灣社會容忍三角缺一角的政府，也可能無法獲得軍隊的完整保護。換方式說，如果一個政府使得台灣「民主自由但缺法治」或「民主法治但缺自由」，如果台灣人民容許這樣一個政府，台灣軍隊的榮譽感和效忠度，將會大打折扣。

一旦台灣的政府和公民，實踐了上述的「三角不能缺一角」的道理，軍人自然會責成自己的榮譽感、明確自己的效忠對象。種種國防議題中，可能沒有比這再重要的了。

▼台灣軍隊對誰效忠？

隨著中共軍事威脅的加劇，台灣民眾的切身感也同步加劇。我和幾位朋友近兩週都收到不同來源的二十至三十歲年輕世代的私訊，問的是同一問題：「如果打仗，我該怎麼辦？」我個人判斷，超過百分之六十甚至百分之八十的年輕世代都在心裡問自己這個問題，壯年中世代應該也是。

我認為，這對台灣是一件好事。不論是基於僥倖心還是鴕鳥心，台灣社會用「世外桃源」、「寶島」的小確幸心理機制，迴避自身存在中不可迴避的問題已經太久了。

大家聽清楚了！（抱歉這裡用此口吻，但似乎不用此口吻不行）台灣的地緣，使得台灣成為過去四百年、未來至少幾百年年的「兵家必爭之地」，也就是所有兵家都想要控制台灣，管你獨立還是誰的一部分。A國控制了台灣，B、C國就會動腦筋「收復台灣」，B國控制了台灣，A、C國就會「反攻台灣」，依理類推。而地球的權力格局在過去數百年來平均每三十年發生一次重整，每次重整，台灣都或多或少面臨戰爭。

因此，面對戰爭和傷亡的議題，台灣人至少應該具備面對百年一遇全島大地震的認知。有些人不願意接受這種把戰爭比喻為地震的說法，他們認為地震是自然災害，台灣處在東亞大斷層帶上是人力無法改變的，而戰爭是人為的，不是自然現象，因此不可比。

對此點，我有一個壞消息要告訴你。因地緣地位而起的戰爭機率，遠遠大於毀滅性地震發生的機率。請看歷史，過去四百年台灣發生過幾次毀滅性地震，總共死亡多少人？而過去兩百年，戰爭中少於一萬人的「零星傷亡」不計，多於十萬人、甚至數十萬因戰而亡的人命，至少發生過兩次——日本統領台灣時代，以及二戰期間美軍對台灣的轟炸。而這兩現象的發生，與台灣島上居民的意志都無關，只不過因為台灣是兵家必爭之地。

台灣人現在已經有表達意志的機制，如一人一票、言論自由，但別忘了，在地理、資源、人口的天然條件制約下，這些好不容易得到的表達意志機制，在大國兵家的算盤上，可能只是個位數甚至小數點。

「民主不能當飯吃」這句話是錯的，但是，「民主不能用來贏得戰爭」這句話卻是對的。事實上，民主下的多元性和牛步本質，就是戰爭發生時的障礙。或換個說法：戰備是保護民主制度的絕對必要因素。

同樣在地緣歷史下，台灣當前有個關鍵議題：軍隊的效忠對象是誰？獨派還是統派？仇敵者還是親敵者？綠的還是藍的？尚不存在的台灣共和國還是已經存在的中華民國？

這個問題大家都知道，只是不敢拿到檯面上談，私下詢問任何一位現役軍人，無可避免地你會察覺，「向誰效忠」這問題嚴重地分散了軍心，而軍心分散就是戰鬥力的分散。

我認為，在形勢下，這議題必須立刻拿到檯面上談。任由怨民、酸民在網上、網群中情緒發洩，給政治權力操弄者提供了太多的扭曲空間，也為敵方提供了豐富的統戰縫隙。

好學生和順民會回答說：向民選出的政府效忠。但這定義在今天台灣真管用嗎？大家可以捫心自問一下。

約一年前，我曾拿「向誰效忠」的問題詢問一群現役海陸空高級將領，當然現場一片沉寂。五秒鐘後，我提出了我的定義：國軍的效忠對象就是和你拿一樣身分證、一樣護照的人，不管當時身分證和護照上的國名是什麼。

拿一樣身分證、一樣護照的一群人，就是一個出自自由意志的共同體。這個共同體內的軍人，保衛和效忠的對象就是這個共同體。

軍人的榮譽感根基來自效忠對象；效忠對象不清的軍隊，不可能有軍魂。在台灣的複雜政治現況下，拿同一張身分證、同一本護照，就是最大的公約數。哪個軍人若對這個公約數有所質疑，就應該退出軍人身分。而作為共同體中的平民，誰不認同這個公約數原則，就應該移民到發行另一本護照的國家。台灣現在雙重國籍者頗多，這是既有現實。但雙重國籍代表你對兩本不同護照的共同體都有責任義務，平時享受左右逢源，臨戰時就必須做出選擇，否則在上述效忠原則下，軍人只能把不做抉擇者視為二等公民來保護。

▼為什麼不招募百分之五十的女兵？

就像所有其他部門一樣，小小台灣的軍事部門處於大大的超載狀態。台灣的將軍比例，超過中東小鋼炮以色列，全球僅次於北韓；台灣的軍人總數，竟然有很長一段時間超過日本的軍人總數。

台灣的軍事目標只有一個：保家衛國；人若犯我，我必自衛。四面環海的小島國家，自衛之道僅有一個選擇：戰略問題交給政治，軍事上只走戰術，而且必須是絕對不對稱的戰術。在這原則下，當下的二十二萬軍人是一個超大數量。雖然馬政府時代曾有裁減至十七至十九萬人的計劃，但我曾私下請教過一位已退的國防部長：如果裁至十萬人，夠不夠保家衛國？答案是：在設備、科技、組織相應配套革新的情況下，可以的。再經請教多位曾任關鍵要職的實戰將領，結論是，只要排除非軍事的政治干預、商業利益干預，發揮台灣最成熟、最擅長的軍事科技，不追求一些二十年才能半生不熟的技術，集中力量於不對稱戰術，純粹就保衛台灣為目標，在精不在多，十萬軍力是可行的。

如果總數控制在十至十二萬人，募兵制的可行性就大增；如果再提高女性比例，幾乎可說一定可達標。台灣軍隊當前女性比例為百分之八點二，美國是百分之十三，法國和澳洲在百分之十五左右，而北歐的挪威高達百分之二十六。各國女兵的軍種分布依次為空軍、海軍、陸軍。

如果把台灣軍中女性比例提高到百分之五十呢？不要說我搞笑，請見理由。其一，台灣社會當下，女青年的向上心高於男青年，雖然僅占軍中百分之八點二，但已經在各個角色出頭天，從飛行官、傘兵、電子兵一直到陸戰隊，其表現優異的比例，超過男性，這已是軍界都知的事實。

其二，在台灣文化下，女性傾向追求「成就認可」，而男性除了「成就認可」之外，還會猛追權力和金錢利益；而軍隊必須職業化，不能成為權力場和利益場。

其三，台灣只打自衛戰，靠得是具有不對稱威力的武器設備、精巧的操作、細緻的流程，這正是女性的長處；雄三誤射，如果現場是一群受過訓練的女兵，不太可能發生。倒過來說也一樣，如果是有目的的發射，女兵肯定強過男兵。

十至十二萬職業軍人，男女各一半，這樣的配置，我比較有信心。

▼台灣需要廣建靶場

備戰分軍防和民防。軍防很多人在談，民防很少人在談。我個人認為，台灣的國家安全，民防比軍防更為關鍵。

很多人聽到「民防」兩個字，不是怕就是酸。怕者腦中閃出的影像是敵軍登陸、軍民巷戰；酸者分兩類人，一類其實就是怕者，另一類其實就是投降派。

投降派或認為「不過是換一面旗子的事」的群體，就不值得去談他們了。倒是對還有血性和義憤的台灣人，必須提醒一件事，「民防」的威力不在敵人進攻後，而在敵人進攻前。道理如下：

台灣既然是兵家必爭之地，就應該像兵家那樣地思考。兵家想的只有兩件事：如何以最低的代價摧毀對方的意志，以及什麼是自己負擔不起的代價。民防備戰，本身就是一種「標價」舉動，明確標出敵意方將會付出的最高代價，以及，明確標示善意方介入的最低代價。再講白一點，台灣廣大人民本身如果不做出民防備戰的動作，敵人就會認為只要挫敗你的正規軍，台灣人民就會跪下，友國就會認為軍事支持台灣的代價太高，因為連台灣自己人都沒有戰鬥意志，憑什麼要別人來替你先流血？

如果有人在你家門口打你小孩，你一聲不吭，甚至躲進屋內，鄰居和路人憑什麼來幫你家人？這樣話夠白了嗎？

台灣除了正規軍，還有後備軍人系統，而且已經開始加強動員，這是大家都知道的。但是，這部分屬於軍防，不屬於民防。民防是什麼？就是你我既不是正規軍也不是後備軍、不分男女的平民的衛國意志。請注意，意志的展現比能力重要！

意志最基本的表現方式，就是成年平民人人學會開槍，處處有槍械儲備。有人在怕了，有人在酸了，我嗅到了。沒關係，容我說細一點。

學會開槍，用意在於不怕拿槍。男生受過基本軍訓的，不是至少都開過幾槍嗎？打不準，不是問題，關鍵在於你（不管男女）敢扣扳機、不被聲響或後座力嚇到，向空鳴槍都可以，打空包彈都可以。

在台灣，私人槍械不可能合法化，也不應該合法化。那麼答案就非常簡單了：開放有足夠控管的實彈靶場經營。台灣已有射擊協會，漆彈槍訓練遊戲場不少，也有少量實彈射擊場。但現有設施都屬於體育休閒層級，數量及風氣，距離「民防」的標準都還差得太遠。

實彈靶場必須廣設，例如，全台每個後備軍人槍械管理處附近，就該有至少一個實彈靶場。為了達到民防效果，應該舉辦年度、季度、甚至月度的「以社區為報名單位」（例如里、鄉、鎮）的實彈射擊比賽。設計一套高額獎金的誘因，事實上，這樣做每年全台總花費都不用一億台幣，就可以達到至少百分之五成年人口散落各社區的民防意識。加一把勁，兩年之內到達百分之二十並非難事。靶場可以是公營，也可以是私營，估計想要虧錢都不太容易。

羨慕瑞士的國防安全地位？那是因為瑞士明確地告知天下，侵犯瑞士必須付出什麼代價；瑞士是一個很容易被占領、但占領後吃不完兜著走的國家。瑞士戶戶會用槍，其靶場系統及槍枝安全管理辦法，上網查「Shooting ranges in Switzerland」就有。亦建議讀者參考本書附錄中〈我們有能力抵抗嗎？〉一文。

台灣人必須尚武！也就是台灣人必須有血性。即使是老書生，也應該追問一下為什麼孔子他老人家也得學射箭。很簡單，《周禮》告訴他，六藝乃人生必備：禮教、音樂、射箭、騎馬駕車、書法、數學。本書前章〈談台灣人的血性〉一節內說：一個血性不足的國家，幾乎注定就是被用來統治的。喔，說錯了，正確的說法應該是「一個血性不足的地方……」，因為，血性不足的地方很可能根本不會成為一個國家，永遠只是一個地理名詞罷了。血性，這裡指的是被欺負時的反抗指數（請注意是「被」欺負）。

台灣應該廣設靶場！言盡於此了。

▼一封給宮廟主事方的公開信

中央社報導，國防部因應敵情威脅，將推動「提升後備戰力」改革案，新設「防衛後備動員署」，除了後備軍人組織等，也包括地方宮廟的義勇，都可納入後備動員組織。

相關部門亦表示，目前內政部僅定義了警方、消防的義勇人員，例如山地義勇、交通義勇、消防義勇等，但尚未定義宮廟義勇，因此未來將進一步與相關單位溝通，將其明文定義，進一步強化在戰時的功能。

此處為國防部喝個彩！另外也想向全台灣不分大小的宮廟主持人說幾句心底話。台灣的宮廟發達，據內政部於二〇一七年統計，登記數量達一萬兩千三百零五間，登記的信徒是九十五萬三千五百九十九名。但誰都知道，真實數量遠超於此，信眾人數恐怕達數百萬人，這從農曆三月媽祖遶境隨行人數超過百萬人即可明證。

且先不論其社會心理背景，這是一股足以左右台灣社會行為的龐大力量，可以載舟，也可覆舟。從長遠來看，宮廟主持人及信眾，可以是台灣民主道路上的油門，也可是台灣民主體制的煞車。

換個角度看，宮廟主持人及信眾可以變成中共顛覆台灣民主的統戰據點，也可是台灣抵禦中共侵台的民防、心防堡壘。

民主的油門還是煞車？統戰的據點還是民防的堡壘？這兩個大哉問的選擇，就在一、兩萬宮廟主持方的一念之間。我們就取其中數，假設宮廟數量是一點五萬間，每個宮廟的主持方是三人，那麼總群體就是四點五萬人。

四點五萬人，其可直接、間接影響的平民人數可達數百萬人。我個人認為，這群體雖然鬆散，但其能發揮的國防、民防作用，可能不下於二十萬正規軍的意義，也不下於一百五十萬後備軍人的意義。

台澎金馬及其他離島，合稱為寶島。寶島是個宗教多元、且受法律保障的福地。人在福中要知福，知福就得了解福從何來。篤信是任何宗教的基礎，任何一個禁止篤信的制度，都應該是任何宗教反抗的對象。

隔著海峽那個一黨專政的國度，是不可能允許你篤信的。台灣的宮廟主事方，能夠想像在那種專政下舉辦一場百萬信眾隨行的活動嗎？能夠想像在香港舉辦嗎？

台灣的宗教如此多元，可能有數十種甚至上百種，但不管你篤信哪一個神明或聖靈，最大公約數都是「人不能欺負人」，不是嗎？

期待宮廟主事方，不論是出自良心還是神意，積極地配合國防部的保家衛國號召。

四、如果作戰，台海的劇本是？

▼倘若台灣遇上一場有限戰爭

戰爭是個禁忌話題，但我覺得必須談。當然，談此話題必須有軸線，否則徒增困擾。

此文抽出兩條軸線：一條是戰爭的五個面向：避戰、備戰、懼戰、拒戰以及作戰。另一條是戰爭的利害相關者（stakeholders），因為從哪個角度來看戰爭，和你的利害相關角色和程度有著絕對的關係。例如，早起的鳥兒有蟲吃，但早起的蟲兒被鳥吃；鳥和蟲的利害角色不同，趨利避害的時機和節奏完全不同。再如，波斯灣戰爭，台灣社會可以品頭論足當大戲看，但若談的是東海戰爭、南海戰爭、甚至台海戰爭，若再用說書的態度和語氣，似乎自己是第三者，那就大大糟糕了。

近代戰爭行為，一定是政治的決定。非政治性的交火，通常是擦槍走火，但擦槍走火後若沒有足夠的政治克制力，升級也是可能的。一旦發生交火，第一時間最難判斷的就是：那是純粹的擦槍走火，還是準備升級的第一波試探，還是有計劃挑釁下的「碰瓷」（主動做出小動作以引出下一步的大動作）。

「避戰」屬於政治領域的事，只有政治行為才能避戰。一旦某利害方以地理範圍或行為方式清楚定義出了「戰場」，「避戰」就沒有空間了，剩下的選擇就只有「備戰」、「懼戰」或「拒戰」。備戰，就是在心理上和物理上都假設戰爭會發生，而懼戰和拒戰是純心理層次的事。懼戰的心理表現是，假設只要我方在已被定義的戰場中不主動生事，戰爭就不會發生。而拒戰的心理是，不管條件如何，我都拒絕作戰。

備戰還是懼戰，其實和膽子或勇氣沒有一定直接的關聯；很多膽子很大、血性很足的人，由於對政治的認識不足，心理上假設「只要我不ＸＸ，他就不會ＹＹ」，因而即使敵方已經把「戰場」清楚定義出來了，他還不認為必須立刻備戰，甚至把備戰視為對敵方的挑釁。

拒戰和懼戰也不是一回事。懼戰者群體中固然有膽子不足的人，但也有勇氣夠只是邏輯假設錯誤的人，只要一旦認識到自己的假設錯誤，就會加入備戰甚至參加作戰。但是拒戰者往往出於認同問題，不然就是不相信對方為敵方，不然就是明明知道敵方是誰但是拒絕與敵方為敵（致使對方邁入懼戰和拒戰的技巧，通稱為「統戰」，不過這是另話）。

把以上分析用於台灣當前處境，這就得加入「利害相關者」的軸線來談了。為了不弄得太複雜，姑且只列台、美、共三個利害相關者，戰場姑且排開東海、南海，僅談台海。

台海是個「戰場」，這已被共方定義得非常清楚了；美方也同意台海是個戰場。但台灣一直到今天還有很多人不相信台海已經被共、美兩方定義為戰場，我想這是對「利害相關方」的目的認識不清的緣故。部分人相信共方之所以要在台海作戰是為了「統一台灣」，部分人相信美方之所以會介入台海是為了「保護台灣」。

事實上，美共兩方定義台海為戰場，都不是「為了台灣」，而是為了他們二者之間的利害關係。共方要打開太平洋大門，美方要控制太平洋大門，台灣島恰巧就是那扇門。這跟台灣島上住的是什麼人、實施什麼制度沒有關係，就像二戰時沖繩島、菲律賓島的人和制度，和戰爭的降臨沒什麼關係一樣。

看不清這點，乃是台灣最大的災難。以為共方意在「統一」的人，容易一廂情願地認為，「只要我不ＸＸＸ，他就不會ＹＹＹ」。而以為美方是為了「保護台灣」的人，容易一廂情願地認為「只要我ＡＡＡ，他就會ＢＢＢ」。這就是沒有「利害方角色」區隔能力的後果！

美共台三方之間或許還有若干政治避戰的餘地。但政治上避戰，首先得懂政治，而政治的第一課就是認清各方的利害關係。台灣在二〇二一年最急迫要回答的一個問題是：共方還有沒有在鳥你ＸＸＸ／ＹＹＹ邏輯，美方還有沒有在鳥你ＡＡＡ／ＢＢＢ邏輯？（話粗了，抱歉，但話粗理不粗）。如果兩題的答案都是ＮＯ，那麼台灣最好把大部分精力、資源放在備戰上。

我們從相關方的利害框架來看當下。台方沒有挑起事端的本錢，美方還處在一場憲政危機當中，目前也沒有挑釁的誘因。而共方，卻具備了許多挑事的內部推力，從家族派系生死權鬥到經濟散架威脅到社會壓力。換句話說，從動機來看，二〇二一年唯一有肇事誘因的是共方。

共方知道在台海製造事端的最壞結果，那就是事態升級導致自己的毀滅。因此，合理的推論是，若政治上決定製造事端，一定會避免當年韓戰你死我活的模式，而會希望控制在一場有限戰爭內，諸如當年對蘇聯的珍寶島事件、對越南的淺嚐即止路線。政治上，共方會劃出一條底線、一個目的。底線是不至於引起美方對共方的全面出擊；目的是能夠達到壓制內部權位競爭者氣焰，以及轉移社會人心的壓力。

挑起這樣一場有限戰爭的方式有百十種，共方對過程中的層次規劃也必然力求細緻可控。台灣需要注意的有以下幾點：（一）對有限戰爭的形式想定不足；（二）備戰方向的彈性不足，導致過程中不對等地消耗元氣；（三）對美方的期望值過高，以及對美方請求支援的時機失準。

一句話總結：台灣現在可能缺少一套以「有限戰爭」為座標的備戰和作戰計劃。

▼台海劇本及萬金油

二〇二一年三月十五日，美國國防部發布的新聞稿中說「台灣從來就不是中國的一部分」。

三月十八日，中共官員楊潔篪在阿拉斯加的會場怒嗆美國國務卿布林肯「中國不吃這一套」，因為美方表示對中國在新疆、香港和台灣作為的「嚴重關切」。

三月十九日，中國駐法國大使在官方推特上辱罵法方學者為「小流氓」，因為該學者批評了中國對法國議員訪台計劃的公然施壓。

三月二十二日習近平考察福建，美軍機迫近偵查，飛到中國領海基線僅有二十五點三三海里之處，史上距離最近。

三月二十五日，新華社報導習近平指示對台灣「要突出以通促融、以惠促融、以情促融，勇於探索海峽兩岸融合發展新路」，同時《喉舌報》強調習近平這次到福建沒去視察軍區。

三月二十六日，台美簽署「設立海巡工作小組瞭解備忘錄」，晨七點三十分至十點三十分之間，共機由西南部、南部、東南部三方向侵入台灣防空識別區，三小時內高達十批次，有公開紀錄以來密度最高。

這不到兩週之內發生的所有事，你怎麼解釋？

當前幾大問題，台灣人在問，世界人也在問：（一）中共和美國相互用台灣測試對方的底線，哪一方比較有踏過紅線的動機或壓力？（二）一旦某方踏過紅線，接下來的劇本有哪幾種？（三）習近平此時到福建，是心懷惡意嗎？那麼他不提「統」而提「融」用意何在？是心懷善意嗎？那麼小報為何接到指示要以「此地無銀三百兩」的口吻突出「沒視察軍區」？或者，純粹像戰機擾台一樣，習近平不過是在用他的肉身行蹤擾台？

經過了過去一年，美國政府和中共政權各有各的極大壓力，政治上的、經濟上的、疫情上的。然而，美國是民主體制，彈性及抗壓容度大，生了病就慢慢療養，無需用猛藥。中共是極權政體，金字塔一竿子插到底的威權體制，彈性極差，抗壓就靠低人權優勢，一旦生了病就必須用猛藥。這樣一對照，上述第一個問題就有答案了：美共兩者在探出對方底線之後，踏過紅線的那一方非共方莫屬。

第二個問題：踏過紅線的方式，以及之後的劇本有哪幾種？請參考上節〈倘若台灣遇上一場有限戰爭〉。

可能的劇本當然不只一種。西方的各大主流媒體、各大智庫、軍事刊物、政治歷史學者，近一個月來談到台海危機時，調子都已經拉到「世界大戰」的級別。千言萬語、各種軍事角度的數據分析、各式的歷史提醒，都可以用七個字來涵蓋：「得台灣者得天下」！

無論你我喜不喜歡，都不得不承認一件事——鴕鳥時期已過，決斷時刻隨時會來臨。古早的孫臏在兵法中已明言：「無恃其不來，恃我有以待之」——不能依賴自欺心理，相信戰爭絕對不會發生，寧可依賴自己的手頭條件，盡量做好迎敵準備。

面對中共的武力威脅，台灣社會有一盒隨身攜帶的心理機制轉換萬金油。我用「懶人包」的形式來描述這一擦就靈的萬金油內的兩大邏輯：

（一）美國一定介入。美國軍力比中共軍力強不只四倍，所以台灣不用怕。

（二）中共開戰的結果就是自己垮台，因此它不敢真正開戰。

這兩個萬金油邏輯不破，我為包括我在內的台灣人擔心。我百分百認為美國一定介入，因為失台灣者失天下。但是，美國何時介入、介入多深、為了（美國）國家利益如何介入，這三者是變數。此三變數的進一步分析，請見下節〈美國何時會出兵攻打台灣？〉。

此處僅再提醒一點：在台灣島被占領的最壞情況下，美國即使會奪島，也不一定奪的是台灣島；不同戰略考慮下，可能先去奪海南島，迫使共軍三面作戰：南海、台海、東海。

接下來談萬金油內的第二個邏輯。這是個百分之百的錯誤推論，假設了自己面對的是一個有理性的敵手。有一句話，不知你聽過沒，叫作「極權的任性」。太抽象了？那就白話講：賭場裡有一種人，只相信自己，只要他認為他的勝算超過百分之五十，他就會把下個月家裡的吃飯錢推到牌桌上。

如果這萬金油第二邏輯說得通，那麼可能大清國今天還在。

最後談第三個問題，習近平「以融代統」的意義何在？目的何在？

這問題若往細裡講又是一大篇。打蛇打七寸地說，有兩個要點：（一）北京喜歡說「聽其言、觀其行」，習近平來自北京好不好；（二）我要拜託台灣人一件事——從此刻開始不要聽北京說的中文，要聽北京說的英文；中文都是說給你聽的，洋人反正聽不懂。這樣懂了嗎？

▼美國何時會出兵攻打台灣？

這又是一個需要讀者先綁好心理安全帶的概念。過去，曾經明確地表達過兩個觀點：（一）在（隔壁）大象的病情未好轉、瘋性未除之前，台灣需要偎大邊的西瓜是那些足以牽制病象行為的犀牛，主力當然就是美國；（二）期待美國一步到位地承諾武力保衛台灣安全，這個念頭是等死。

看似矛盾？再加上一個看來更矛盾的問題：美國什麼時候會出兵攻打台灣？台灣要解套，不開腦洞是不行的。先繼續問幾個腦洞問題，這些腦洞開了，才能有意義地談下去。請回答以下三問題：

（一）美國什麼時候會出兵攻打關島？
（二）美國什麼時候會出兵攻打夏威夷？
（三）美國什麼時候會出兵攻打南韓？

關島是美國領地，美國自己打自己？夏威夷是美國一州，美國內戰？南韓是美國盟友，不打北韓打南韓？問這三個問題，是不是腦子進水了？

沒進水。答案如下：當關島、夏威夷、南韓被敵人占領時，美國就會出兵關島、夏威夷、南韓。

歷史並沒有那麼遙遠。一九四五年五月三十一日，美國對台灣島進行「台北大空襲」，死亡數千人，傷者兩萬人。而當年，如果不是麥克阿瑟將軍的「菲律賓情結」，美軍登陸的將不是菲律賓，而是台灣，摧毀的不是馬尼拉，而是台北。

一九四五年八月九日，美國投下的第二顆原子彈，第一目標是小倉市，但因當時天候問題，被投彈的是第二順位的長崎市，死亡八萬人。這次投彈計劃，你猜台北市排在第幾順位？第十四。台北，是在排行榜上的。

當一個戰略要地被敵人占領時，美國就出兵攻打，管你是誰。試想，一九四一年，如果日軍不只偷襲珍珠港，也派兵登陸，你認為美國會不會「出兵攻打夏威夷」？戰爭，就是戰爭，不是外交，不是吃飯談判。

現在，回到這篇文章的標題：美國什麼時候會出兵攻打台灣？答案是不是很簡單了？當台灣島被美國的敵人占領時，美國就會出兵攻打台灣。請注意，是「被占領時」，而不是「被攻擊時」。

打仗，也講究成本。麥克阿瑟沒能用更低的成本在一九四二年守住菲律賓，然後在一九四四至四五年以數倍的成本，才奪回菲律賓。事後回頭看，美國一定懊惱，早知道就應該在成本較低的時刻果斷行動。

台灣島是兵家必爭之地，這句話大家都聽過，但聽懂了嗎？「兵家必爭」，就是當「兵家們」盯上你之後，命運就不由你決定了，而由「兵家們」決定了。因此，台灣的國防戰略思維，絕不能落在「打勝、打敗」的概念上，而應該聚焦在如何提高敵人的成本，和如何降低朋友和自己的成本的概念上。

誰是敵人？就是第一個向你展開攻擊的那一方。誰是朋友？就是在你被敵人占領之後，會攻擊你的敵人、幫你收復失土的那一方。我們可以問自己一個問題：以台灣的實際國防力量，什麼樣的戰略、戰術安排，才能提高敵人的成本，才能降低朋友和自己的成本？

換個方式更精確地問這問題：如何在戰爭發生之前，就使朋友清楚判斷，什麼才是他們最低成本的時刻和方式？如何在敵人發動戰爭之前，就使敵人清楚認知，台灣有決心和技能，使敵人付出最高成本。

台灣能主動做的，就是使「兵家們」清楚知道他們各自的成本點。「兵家們」只有在清楚知道成本點之後，才不會輕舉妄動。但是，台灣目前內部在國安議題上的分裂不團結，使得「兵家們」極易誤判自己的成本點，這就是台灣的凶兆所在。

「兵家們」目前不清楚以下三個疑點：（一）台灣人有多少比例願意為保護自己的土地、制度、生活方式而流血？（二）台灣的各級「政治菁英」，有多少會選擇在危難時留守台灣？（三）二〇二〇年的總統參選人中，哪一個人有意願使敵人付出最高成本？哪一個懂得降低朋友的成本？

這三個疑點，將使得朋友無法做兩個決策：（一）在台灣流血多少人數之後，才值得朋友的大兵為台灣流血？（二）當台灣危難時，在哪階段介入才對自己的成本最低？

二〇一九年第一季，美日舉行了「太平洋奪島演習」，為了什麼？台灣長期「內鬥內行、外鬥外行」，是否應該開始挑選一組「內鬥外行、外鬥內行」的領導團隊了？

▼戰一次還是戰兩次的選擇

在短期內，台海不存在因軍事而啟戰爭的因素。因為，美國不想打仗，中國不想打仗，台灣更不想打仗。然而，短期內台海存在因政治而啟戰的誘因巨大。

不久前曾寫到過，美國總統拜登沒有任何在台海啟戰的政治誘因，台灣的蔡英文總統更不用說了，但是中共領導人習近平面臨的黨內政治壓力、國內經濟壓力巨大如山，只要一隻黑天鵝飛向他，可能只有啟動戰爭這動作的分量足以讓他攪炒他人、斷尾求生。

即使到現在，台灣還有人以為習近平啟不啟戰，和台灣跪不跪下的態度有關。這種對中共政治本質、中國經濟壓力無知下的天真，過去已從各種角度警示過，此處不再費筆墨。習啟不啟戰，只和國內壓力及美國對共政策有關，和台灣的態度無關。

如果習近平跨過紅線碰瓷啟戰，即使他計劃的只是有限戰爭，但戰爭自帶的邏輯可能就開展成全面戰爭。這時的台灣，將面臨一個最困難、最痛苦的局面：戰一次，還是戰兩次？

雖然對歷史的推敲不能為準，但作為一種啟發還是可以的。戰一次還是戰兩次之間的歷史教訓，可以看看二戰時期的菲律賓。多數人只知道日本「偷襲珍珠港」，卻不知道日本當時的戰略是「全面消滅太平洋美軍」，在一九四一年十二月七日轟炸珍珠港之後的二十四小時內，日本全面轟炸了菲律賓、威克島、新加坡的美國海軍。

當時駐守菲律賓的美國最高統帥麥克阿瑟將軍，雖然在日本「偷襲」珍珠港後幾個小時內就知道了這件事，但是他根本不相信日本還有能力「偷襲」菲律賓，完全無視於幕僚的警告，未做任何戰備。八日，日軍海陸空三軍攻向菲律賓（空軍部分多由台灣的機場起飛），重創美軍。麥克阿瑟本來決定堅守，但羅斯福總統不願犧牲人才，下令麥克阿瑟及家人撤退至澳洲，麥帥差點違反總統令，但最終還是遵命了。到達澳洲後，恨意難平的他對新聞界說了那句著名的話：「我會回來的」（I shall return）。

一九四二年五月菲律賓徹底淪陷，這場日美對戰過程中菲律賓人遭到戰火屠殺一次。一九四五年，美國決定進攻日本本島，本來的決定是先登陸占領台灣島，以台灣島為中繼站基地，進軍日本。但麥克阿瑟堅決反對此案，他要登陸菲律賓，以實現他那句「我會回來」的諾言。於是，菲律賓被戰第二次，人民被戰火屠殺第二次。

台灣，因為麥克阿瑟的頑固堅持，逃過了一劫，否則以中途島戰役、反攻菲律賓戰役的殘酷程度，台灣人死傷幾十萬人乃合理的推斷。雖然逃過了這一劫，但整個二戰中，美軍為了台灣這個「兵家必爭之地」，對當時屬於「日本神聖不可分割的一部分」的台灣，據不完整統計還是帶來了七萬人的傷亡（包括一九四四年十月開始從南到北的轟炸、一九四五年一月開始的每日轟炸、一九四五年五月三十一日的台北大轟炸）。一九四五年八月九日對日本國投下的第二顆原子彈，因天候原因選擇了名單上的第二順位長崎市；當天，投彈名單上有台北市，順位第十四。

以二戰時期的台灣及菲律賓，都因為乃「兵家必爭之地」而都有傷亡，但是菲律賓被戰兩次，台灣只被戰一次。菲律賓為何在四年內被戰兩次？因為它由美國手中被美國的敵人登陸占領了。

這段歷史給了今天的台灣什麼教訓？如果習近平（或其後繼人）對台灣跨過戰爭紅線，台灣人就面臨被戰一次還是兩次的選擇。台灣人被戰第一次，如果不盡力或投降，那就要準備被戰第二次。合理的判斷下，被戰兩次的傷亡人數，應該是盡力被戰一次的兩倍或數倍。

戰爭的數學是殘酷的，任何參加過實戰的軍醫都明白這點。今天台灣沒有參加過實戰的軍醫，但至少有無數的急診室醫生懂得傷亡數學的殘酷。一輛車翻滾一次的傷亡機率，絕對小於一輛車翻滾兩次的傷亡機率。

文首已經說過了，現在全世界只有習近平有對台動武的誘因，而且這誘因與台灣無關。我們當然希望他被克制，但如果克制不住，你我台灣人最好想清楚了，是盡全力地戰一次，還是心猿意馬地等著被戰兩次？

▼一封寫給中共解放軍的公開信

這封信不好寫，因為解放軍太龐大了，單是所謂的正規軍就有兩百萬人，加上其實也屬於軍種之一的武警部隊的過百萬人，再加上民兵系統如沿海假漁民等等，泛稱的「解放軍」總數可能超過四百萬人。

這四百萬人，加上其直系親人，加上退伍老兵及其親屬家人，總量可能直逼五千萬、六千萬、七千萬人。中國最龐大的公務系統鐵道部，人員及家屬加起來也不過千來萬人，全國「吃皇糧」的非軍事人員，雖然達到嚇人的四千五百萬人，但是比起廣義的「解放軍」生態中的人數，還是小巫見大巫。這封信的對象，除了正在服役的解放軍本人，也包括家屬親人，再加上退伍老兵群體，總量其實已經有一億多人。

外國人，無論如何「知中」，也總以為「解放軍」是一個單一對象；台灣社會，也以為「解放軍」（或「共軍」）是一個鐵板一塊的威脅來源。大家通常都不知道，「解放軍」其實可以類比於紅樓夢中的「賈府」，雖然對外看似一塊招牌，其實庭院深深內派系林立、利益糾葛、內外難分。賈老太太管不住，需要無數個「王熙鳳」來維持場面，每個王熙鳳身邊又需要無數個牛鬼蛇神來幫襯，當然，內中也有天性敏感、喜怒無常的林黛玉和軟弱無能但內心帶著善良的賈寶玉。

基於這樣的本質，無論從組織結構、軍種糾纏、綜合戰力來看，「解放軍」都不能用「美軍」（或德軍、日軍）的概念來理解！這不用講太多大道理，只需問一個問題：請問過去七十年來，美軍（德軍、日軍）有幾個星級將領因政治鬥爭被關入獄？但誰都知道，過去七十年，「解放軍」產生過的所有星級將領，沒在政治鬥爭中被抓去關的，大概不超過百分之五。軍人，即使在非戰爭時期在中國都是個高風險行業，階級越高越危險，極少人死在戰場上，多數人死在監獄內。

我個人無緣接觸解放軍將領，但卻接觸過一些校級人物和退伍士兵。憑我這有限的經驗，卻得到了很深刻的印象。若我以下說的印象不對，懇請讀到這篇文章的解放軍弟兄們給我指正。

解放軍校級人物，五十歲若還沒有升至將級，大概就無望了。我見過一些「無緣將級」的校級，坦白說，他們的見識、氣度、談吐，應該是遠遠超過那些檯面上的將級的。大哉問就來了，為什麼他們與將領無緣？是能力超凡卻不屑過於交際送禮？是猶具軍魂卻被以分贓為主的將領階級排斥於圈子之外？還是他們的專業太強因而被「上面」視為不可因升級而失去的臂膀？

作起戰來，軍隊的實力在校級、士官和士兵，將領若為一群善於搞政治的庸人，這仗怎麼打？恰如拿破崙所說：一群獅子被綿羊帶領，獅子也變成綿羊；一群綿羊被獅子帶領，綿羊也會變成獅子。今天的解放軍，武器再完備，充其量也就是一群被政治綿羊帶領的獅子。這樣說，也並非一竿子打翻一條船，解放軍將領中即使有獅子，現在也在監獄中。

解放軍中無緣將領的校級軍官、還尚有軍魂的士官、還有悟性的士兵，請捫心自問一件事：即使不談「軍隊國家化」這種崇高目標，作為軍人至少得談效忠吧？那你們的效忠對象是那些貪贓枉法的將領，還是你們心目中的國家，還是養育你們的人民？你們的職業是軍人，還是黨的保安隊員？

再看看那些關在秦城監獄、軟禁在家的將領們，回顧一下與毛澤東、鄧小平、江澤民、胡錦濤、習近平一起照相的將領們，後來的下場如何？如果你是士官、士兵，看看那些退伍老兵，飯都吃不上、維權被驅離逮捕的景況。忠誠何價？職業何價？軍魂何價？

解放軍的槍彈分離，為什麼？我曾在廈門與一位開出租車的退伍老兵聊過許久，他說，一九九六年「台海危機」時，他們全軍戒備到了極致，晚上睡覺時全副武裝，槍不得離身。但是，上級不發子彈，槍是空槍。我問為什麼？他說：怕我們鬧事啊！試想，若南方戰情吃緊，「中央」敢調動北方戰區的部隊支援南方嗎？「中央」不會擔心部隊在途中「順道」把北京給端了嗎？上海敢讓中部戰區支援東部嗎？

中國在二〇一〇年前還允許拍如實的軍事連續劇，劇中「軍委」和「政委」的專業、政治之間的鬥爭，您們還記得嗎？其實不用記得，因為現在你們的日常軍中生活就看得到。政治凌駕軍事專業，這仗怎麼打？

有人還記得二〇〇一年發生在南海的中美撞機事件嗎？北京的宣傳機構說是美機惡意撞解放軍機。我來告訴你我的判斷。美軍的「指揮控制」（C&C, Command & Control）原則是基於尊重軍人現場的判斷力；上級死了，下級就當場升為上級，如此類推，若戰到最後一個士兵，美軍的名言是：若只剩你一個人，那你就是最高指揮官。

南海撞機事件的實況應該是：美機駕駛發揮現場判斷力，決定接近共機，而共機駕駛員沒有發揮現場判斷的權力，必須尋求地面上級的意見才能改變航道，那飛機速度多快呀，那容得一來一往的空中／地面的政治決策。美國駕駛天真，以為共機必然閃避，那曉得共機駕駛員是政治機器人，於是啪的一聲就擦撞到了。

這就是軍事專業「C&C」與政治「C&C」對戰力造成的差距！前面所說的「槍彈分離」現象，也是另一個軍事專業被政治攪和的案例。解放軍弟兄們，你們是保家衛國的軍人，還是政治鬥爭的工具，想想。你們的生命是掌握在軍事專業手中，還是掌握在政治鬥爭手中？

我也認識一位退伍的士官長，浙江人，腦袋機靈，做了包工頭。他為我修房子，我只知道他為人仗義，肯為陌生人被欺負而打架，但我從來不知道他當過兵。一直到有一天，我和他一起在小餐廳吃飯，隔壁一桌來自附近的駐軍，聽到隔桌在聊軍中事，這位包工頭頓然跳起身來過去敬酒，來自天南地北、南腔北調的一夥人，立刻親如兄弟，沒有人在分軍種、軍階，因為現場沒有「大院子弟」，大家都出身農家平民。我頓時領悟到，以我對這位包工頭的熟悉程度，他會仗義和刁民打架，但絕不可能對無辜平民開槍，如果一九八九年他被派到北京面對平民百姓，他一定是暗示隊友對空鳴槍就好的那個人，而那天在小餐廳中巧遇的那群士官、士兵，也是和他一樣的人。解放軍中這樣的人多如牛毛，你是其中一個嗎？

在彈藥合一的時刻，接到對平民開槍的指令，你的槍口應該指向誰？解放軍兄弟們，這個問題，得事先想好啊！

當然，你也關心你個人的生命及未來。這裡悄悄告訴你一件你可能因為年齡太輕而不知道的事。朝鮮戰爭的當下及結束後，解放軍的「敵軍」——美軍及南韓軍，對於願意放下槍的解放軍人，一律都依照其意願接到自由世界生活。當你被派到戰場時，很可能也會遇上這樣的機會，可不要輕易放棄啊，想想。

第四部

關於戰後

一、後戰爭的新台灣共識

前言：台灣沒人希望開戰，但世界不是隨著我們的希望而轉的。地球上政治的複雜性，越來越像看不見的地層移動，你可試圖測量，有時你可感知，你知道大地震可能來也可能不來，你也清楚它遲早會來，但不知強度是十年一遇、百年一遇還是千年一遇。

讀這本書的讀者，大多屬於歷史上最幸運的一代，從出生到今天沒有經歷過一線戰爭和逃難（包括我本人）。但試想一位出生於一九〇〇年的人，十四歲碰到第一次世界大戰，三十九歲時碰到第二次世界大戰，他的人生觀、國家觀、世界觀和你我會天差地別。

如果戰爭境況真的落到台灣，那麼戰爭後的台灣應該有的心智座標是什麼？這裡想提供一些脈絡及思索。但先囉嗦一句，這些座標，其實應該不需要戰爭就已經在你的腦中，然而，由於台灣社會當下還處在一種「舊情綿綿加舊恨綿綿」的不可自拔狀態，因此，可能只有一場戰爭才能使台灣人「脫古入今」進入正常人的狀態。

當然，沒人能真正預知未來；一場戰爭會徹底改變人的心態（MindSet），也會導致社會集體的「範式轉移」（Paradigm Shift）。接下來所說的，乃基於今日之見。倘若前面的「前戰爭的台灣共識」都讓您感到異端，那麼「後戰爭的台灣共識」恐怕就更難以消化了。一笑。

雖然談的是「後戰爭」，但鏡頭還得先拉回二〇一五年，我在德國所做的三場演講。經過了六年來到二〇二一年，我的看法有沒有改變？有的，主要表現在我對台灣和所謂的「中國」的關係上，有些用語，我今天已經不用。但為了忠實於紀錄，以下為一字未改的原演講內容。

▼歐洲必須知道「台灣是誰的」[7]

今天我的演講主題是「歐洲必須知道『台灣是誰的』」。

《台灣是誰的？》這本書的中文版於二〇一一年出版，德文版則於二〇一四年在德國出版。由於書的內容涵蓋的題材非常多，我感覺在今天短短的時間內，介紹這本書內的價值觀和精神，比起介紹一些細節來得重要。因此，這篇報告將集中於價值觀和精神，還有它們和歐洲的關係。

我在台灣出生，但我不是一個典型的台灣人。我生命中的百分之四十，在台灣度過，另外百分之六十在台灣以外的地方度過，其中五年在新加坡，十二年在美國，二十年在中國大陸。

因此，我很習慣用世界的觀點來看台灣，但是，我發現多數的台灣人習慣只用台灣自己的經驗看台灣，這是台灣的「自我沉醉」；除了自我沉醉，很不幸地，台灣人也沉溺在中國的強大的「氣場」之中，幾乎每一個層面，包括「我是誰」這個最基本的問題，都以中國為座標。

非常弔詭地，即使今天贊成台灣獨立的台灣人，也都是以中國為座標，這很像早期的婦女運動，一切的抗爭都是以男人為座標，一切的理論都是以掙脫男人的威權為出發點，而很少從作為一個「人」的角度來看自己。

其中最明顯的一個症狀就是，台灣人把大量的精力花費在爭取「被承認的國家身分」（Statehood）這件事上，或者「主權」（Sovereignty）上。在今天的台灣，你只要在媒體上提到「國家身分」或「主權」這兩個名詞，保證你會激起一場熱絡的辯論，甚至激烈到互相叫罵。

但是如同上面所提到，所有的辯論和叫罵，都擺脫不了「以中國為座標」的詛咒。在今天的台灣，你幾乎聽不到「以亞洲為座標」的觀點，更不用說「以世界為座標」的討論。

7 《台灣是誰的？》（八旗出版，台北，2011）之德文版（*Wem Gehört Taiwan*, West-Deutscher Universitats）於德國上市，我應德國「台灣之友」協會邀請，於四月下旬到德國做三場專題演講，分別舉辦於法蘭克福、柏林、杜塞爾道夫，分別由黑森邦／台灣之友協會主席、黑森邦議員 Mr. Ismail Tipi，基督教民主黨梅克爾政府、聯邦議員 Frau Shaffer 主持。

這就是我寫《台灣是誰的？》這一本書的初衷——提醒台灣讀者，世界是很大的，台灣和中國不是世界的全部，遠遠不是。不論是「和中國統一」的觀點，或者是「從中國獨立」的觀點，都是一種「舊世界」的觀點，台灣如果能夠擺脫這種舊觀念，其實就可以走入一個新世界，前景豁然開朗。

雖然在國際政治上，自從一九七一年中華人民共和國取代了中華民國的聯合國席位，「國際」上承認台灣的國家身分（statehood）的國家（state）只有二十幾個小國，但是過去四十年來台灣已經為自己爭取到了非常不錯的「非（被承認）國家的世界地位」（non-state world status），例如，台灣的經濟在全球排名第十七位，台灣的護照得到了一百三十五個國家的免簽地位，全球排名第二十五。即使如此，中華人民共和國還是不能容忍台灣在世界上享有這種事實上的（de facto）「非（被承認）國家地位」。而台灣自己，竟然也不太珍惜這種事實上的地位，而一直糾纏在「統、獨」二分法（dichotomy）上，把大量寶貴的政治動能耗費在這無解的「中國結」上。

今天我在德國演講，德國是歐盟的主要推動者，因而我想從歐洲的角度來談一談「台灣是誰的」這個問題，以及把這問題探討清楚之後對於歐洲的意義。

我不認為在今天所謂的「國際政治」框架下，台灣能夠得到它應該得到的命運，我也不相信台灣能夠通過國際政治的角力而實現它的潛能。台灣必須走出一條突破當前「國際格局」、卻又對人類有利的出路。

某個意義上來講，你可以說我是一個當今國際秩序的批判者，或許很多人會說我天真，但是我真的不相信一個以權力（Power）為基礎的國際系統，還能夠支撐地球上人類的活動多久。我承認，權力是維持任何一種秩序的必要條件，但它絕對不是充分條件。在全球性的世代交替之下，世界的格局，包括歐洲的格局，不可能再僅僅依賴「硬權力」（hard power），而多半還得靠著「軟實力」（soft power）或「巧實力」（smart power）。在新格局下，台灣可以以一種新型態的方式而存在，並在世界上扮演一種嶄新的角色。

或者，換一種方式來形容一個未來的台灣：一個「後主權時代」（Post-Sovereignty），或者「後西伐利亞時代」（Post-Westphalian）的「後主權世界國家」（non-state, post sovereignty world country）。我們都知道，「主權」（Sovereignty）的概念凝聚於一六四八年的歐洲西伐利亞會議，地點就在今天德國的奧斯納貝克

（Osnabrück）和明斯特（Münster）。雖然主權概念在今天的世界上看起來還像是主流，但是它已經經歷了將近四百年，我們不敢想像，下一個世紀的世界秩序依然以「主權」為唯一的座標；今天人類所面臨的各種根本問題，諸如地球暖化、金融危機、宗教衝突、種族衝突，甚至於今天正在發生的「伊斯蘭國」（ISIS）、地中海難民潮，都不是現在的「西伐利亞秩序」（Westphalian Order）所能解決的。而且事實上，歐盟的出現，本身就是一種對「西伐利亞秩序」的檢討。

台灣雖然在亞洲，但是它和許許多多小國家一樣，都是二次大戰以來的「西伐利亞秩序」的受害者。但是，台灣和其他受害小國之間有一個最大的不同點，那就是，台灣和中國的弔詭性關係，可能使台灣在自我努力之下，在亞洲創造第一個「非西伐利亞」的新型態兩岸關係。這件事倘若發生，乃是具有巨大的世界意義的。

雖然，在當前的氣氛下，中國不會同意、甚至完全沒有能力去意識到這個方向、這種可能性，但是，中華人民共和國本身也正在進行一場建國六十年以來從所未有的巨大變化，中國也正在尋找它的文明出路。除了最近的一百年，中國從來就不是一個根植於「西伐利亞思維」的國度，它對世界的傳統價值思維是「天下思維」。中國今天強烈的

「西伐利亞思維」和「民族主義思維」，其實是在接觸西方的不愉快經驗之後才產生的。

不論如何，中國已經變成了今天的中國，一個令人害怕的中國，一個世人不知道它下一步要幹什麼的中國。中國的作為必然會改變世界，但是請注意，台灣的存在有機會改變中國。這並不是講台灣可以教育中國，而是說台灣社會的經驗，不管是好的那一面還是壞的那一面，都可以成為中國的一面鏡子，而這個「鏡子」的角色全世界只有台灣可以扮演。在台灣這面鏡子的對比提醒之下，當中國有一天意識到自己必須走出「被逼出來的民族主義」，而重新由「天下觀」來看世界以及自己在天下的角色之時，它除了台灣，其實是沒有什麼其他參考座標的。那時，聯繫台灣海峽兩岸的就不再是西伐利亞式的「統、獨二分法」，而是某種「天下關係」。

中國的執政黨——中國共產黨，心中非常明白，民族主義是一種功能性的選擇，它固然可以使中國崛起，但是它不可能是中國長久站立世界的基礎。不管是基於歷史理由、現實理由，還是文化感情的理由，中國遲早會重續某種「天下觀」的舊緣，哪怕只是一點點。當那機遇發生時，西方世界，尤其是歐洲，最好明快地掌握住那時機，協助中國以一種更優雅的姿態融入世界，而不是像現在的那種姿態。

在這件世紀任務上，歐洲責無旁貸。而台灣在這件世紀任務上，有一個獨特的角色。一種「後主權」或「非主權」（a-sovereignty）的台灣海峽關係，那對人類政治文明的下一波，將是一個促進器。

讓我做個總結：表面上，台灣這個距離中國才一百英里的島國，在亞洲區域內、在世界上已經被中國的氣場壓抑成為了一個「亞洲第一村」，但是倘若再給台灣二十年的時間，台灣可以變成整個中文世界內的政治文化的嚮導，因為中華文化的傳統優點和缺點，正在台灣與西方文化、日本文化、南太平洋文化產生火花，而這正是中國在這個世紀融入世界之時所急需的多元參考座標。

從「非政治」的層面來看，台灣，可以說是中國文化三千年以來，來自基因突變的第一個新品種，這件事是有世界意義的，我們不能讓它葬送在西伐利亞的主權戰場之下。已經創立歐盟的歐洲人，應該對這點特別有體會。在這個意義下，「台灣是誰的」這個問題，其答案應該是，台灣是世界的！[8]

▼華人是新加坡人不可分割的一部分

人的認知、人的情緒，都嚴重受到「心態」（MindSet）的影響。語言是心態的外在表徵，因此，本文通過「華人」、「新加坡人」這兩組方塊字，來透析一下所謂的「心態」。

請別嫌我囉嗦，事實上，我現在使用的溝通工具是文字，而你讀到的也是文字，雖然你我視覺上看到的都是同一組文字，但是非常可能你我因為心態的不同，對同一組文字的認知、情緒反應會出現很大差異。例如，你我當下眼前的文字，在台灣叫作「中文」，在中國叫作「漢字」，在日本叫作「支那字」，在新加坡叫作「華文」，同一組符號有這麼多不同名稱，凸顯的就是「心態」的不同。為了擺脫心態的囚籠、保持討論的客觀性，因此一陣子以來，我堅持使用「方塊字」（也就是英文Character的翻譯）來

8 Ismail Tipi 州議員於演講後評語：歐洲各國都應該注意演講中的「後主權思維」，因為那有助於歐洲應對當前的「伊斯蘭國」現象。聯邦議員 Shaffer 則評論，歐盟確實應該更加關注台灣在世界上的地位。

稱呼你當下看到的文字符號。

回到本題：「華人」是「新加坡人」不可分割的一部分。選擇這個奇怪且刺激的題目，為的，就是刺激。刺激的原因，你我都知道，就是這句法引起的聯想：大家已經耳熟能詳、有些人衷心擁護、有些人一聽就跳腳的「台灣是中國不可分割的一部分」這組方塊字句子。

但是，這兩句句法類似的命題，反映出的心態是完全相反的；前者的心態是在對事實做描述，而後者的卻是一種企圖扭轉事實的威懾命令心態。

在事實描述心態下，馬來人、印度人也是新加坡人不可分割的一部分，事實上，只要是新加坡公民、拿新加坡護照，管你血緣、種族、文化背景，就是新加坡人不可分割的一部分；不拿新加坡護照的人，即使具有華人、馬來人、印度人血統或文化，是可以被新加坡分割的。

看見了嗎？事實描述的心態，和企圖扭轉事實的威懾命令心態，這兩種截然相反的心態，卻可以在文字語言中，以同一種句型、語法，魚目混珠、抽梁換柱。

我明白，以上太抽象了。那容我接下來用兩個具體的生活例子，闡明文字用語和心態之間的關係。

第一個是我經常引用的個人生活經驗例子。一九六九年，我由台灣去到新加坡，插班進入初中二年級。人生地不熟，上學兩週就被同學打了，原因是我用語不當，時常對同學說「你們華僑」。打我的同學，雖然只是輕輕一下，丟下一句話：「我們是新加坡華人，不是你們的華僑」。那時，新加坡獨立剛滿四年。

十幾歲的孩子，在家講福建話，在學校講摻雜著不三不四英文的華語，心態上認知、承認自己是「華人」，但不是「華僑」，但他同時也認知，他和我讀的學校名字就叫作「華僑中學」，當時新加坡最大的銀行叫「華僑銀行」。一下子，我就學會了幾個在那之前從來不會的用語：「新加坡華人」（Singapore Chinese），「新加坡人」（Singaporean）。

正好五十年前，我在新加坡因為用「你們華僑」被打，五十年後的今天，如果還有台灣人在新加坡說「你們華僑」，應該不會挨打，而會被新加坡人當成山頂洞人，你是從哪個山洞鑽出來的啊？

第二個例子，就發生在二〇一九年五月四日，北京大學在新加坡辦了一場「五四運動百年回顧」活動。是不是很怪？五十年前就已經不承認自己是「華僑」或「中國人」的新加坡人，竟然回心轉意開始接受紀念中國的五四運動了？什麼心態？

新加坡前（華人）外交部長楊榮文（George Yeo），用英文發表了一場紀念五四運動的演講。其大意是：五四運動精神是世界歷史的一部分，一百年前五四運動中的強烈民族主義成分，是可以理解的，因為當年中國是衰弱的、被世界列強看輕的，但若今天再搞民族主義，就是錯的。他的原文翻譯：「如果五四的百年遺訓是不斷強調抵抗外國人，那將是錯誤的，中國一百年前激烈的民族主義是正確的，因為那是自衛。但今天需要的不是緊握的雙拳，而是友誼的雙手。」

這項對中華人民共和國的批評，多麼地大氣！言下之意：我們新加坡華人，沒有否認我們曾經是中國人不可分割的一部分，但是中國今天強大了，竟然還在用一百年前的心態面對世界，請自己檢討一下。

心態決定認知，而統戰就是通過語言文字，讓對方不知不覺改變心態的技能。新加坡華人了解這點。新加坡人夠大氣，給按個讚！

▼我是台灣人，也是亞洲人

我在新加坡住過五年，在「中國」住過二十年，在台灣住過二十八年，因此，我總共在亞洲住過五十三年。另外，我在美洲的美國住過十二年，如此計算，我的一生的百分之八十一點五的日子是在亞洲度過的，因此，我是亞洲人。但因為我出生在台灣，兒時和少年記憶、大學記憶都根植台灣，一生只有一本出生地的護照，因此我本質上是台灣人。

今天大家所稱的「中國」和「中華民族」這兩個方塊字概念，根本就是近代少數一時掌權的人在帝國野心下硬生生推行的一個政治概念，政治鬥爭的意義遠遠大於實質的意義。這道理，毛澤東最懂，青年毛澤東的理想是湖南獨立，「中國」分成二十七個獨立國家。事實上，共產黨一九二一年創黨時，根本不屬於「中國」，而只是列寧共產國際的一個遠東支部，後來叫作「中華蘇維埃」，直到把南京國民政府趕到台灣島後，共產黨才恬不知恥地、屁股決定頭腦地盜竊了蔣介石的「中華民族」這個政治概念，以行一黨專政的帝國夢，一直到今天習近平的統戰核心話術——「中華民族的偉大復興」，好像「中華民族」不是一九〇一年的政治杜撰詞，而是「自古以來」的。

今天住在台灣、那些拿同一張身分證、同一本護照的人，包括了南島原住民、荷（蘭）原混血、葡（萄牙）原混血、西（班牙）原混血，俗稱「漢人」的早期閩客移民、漢原混血、少量日本血統人、不少日漢／日原混血，一九四五至四九避難來台的漢人以及他們後來與上述所有人的混血。值得一提的是，這為數約兩百萬的避難者，群體內的血緣組成，可能比他們來到的台灣島居民更為複雜，江浙的吳人、東南的百越、西南的擺夷／傣族、巴蜀人、中原人、西亞中亞的新疆人／蒙古人，東北的滿人／滿化漢人……

那要如何定義「台灣人」呢？我覺得再簡單不過了：和你拿同一張身分證、同一本護照、向同一個政府交稅、擁有同樣公民權利的人，就是台灣人。台灣本來就是一個移民多元的地方，只有先來後到之差。今天你家的菲傭、工廠的印尼移工，如果有一天拿到了和你一樣的身分證，他／她就是台灣人。同理，來台避難的香港人，如果拿了和你一樣的身分證，那也就是台灣人。

如果一位用荷蘭護照在台灣住了三十年的神父，放棄了荷蘭護照改拿台灣身分證／

護照，那麼，他就是台灣人，也是荷蘭人或歐洲人。

那麼，台灣人和中華人民共和國人有什麼差別？差別大了去了，不同身分證、不同護照、向不同的政府交稅。將中華人民共和國人稱為「中國人」，那只是一種從俗的簡稱。事實上，即使在中華人民共和國，「中國人」也是一個假概念。你看，北京提到新疆人時從來不稱他們為「中國人」，而是「新疆人」或「維吾爾人」，對蒙古、西藏也是一樣。

由於「中國人」在實質上、政治意涵上是個假概念，因此台灣過去幾十年所做的有關民調都是概念偷樑換柱的結果，因為問題根本就是糊塗誤導的——你認為你是中國人嗎？然後，民調「結果」就人模人樣地公諸於世，北京也隨著這些民調數字的起伏起舞。正確的民調問題應該是這樣的：你認為你是中華人民共和國人嗎？結果一定是百分之九十九點九九否定的。

台灣既然是個四面臨海的移民混血國家，地處亞洲，大多數人口也來自亞洲，所以台灣人無可迴避地也是亞洲人。約十幾年前，澳洲社會也有一場激辯：澳大利亞究竟是一個西方國家，還是亞洲國家？而今，澳洲已經達到結論：雖然澳洲人說英文、寫英文、讀莎士比亞，但是應該首先把自己視為一個亞洲國家，雖然澳洲與西方具有文化上的相關性。

頭腦要清楚，語言就得要精準。因此，下次你被問到「你認為你是中國人嗎」之時，最精準的回答就是：我是台灣人，也是亞洲人，但不是中華人民共和國人。這樣的答案最準確，因為可以將台灣的人口複雜來源及文化的多元性都包容進去。台灣的民調機構，下次做民調時，也麻煩注意一下，不要再問漿糊問題了。

▼以人為本：台灣的哲學探底

就像幾何學的本源落在「點、線、圓」，任何不能回歸到「點、線、圓」的探討，都不在幾何學的範圍內一樣，任何不能回歸到「人」的本質的探討，都不在哲學的範疇內。歷史上，每當一種思想的探討核心脫離了人的本質的時候，就會被分割出去成為專學；反過來說，任何享有專科名號的領域，其中研究者一旦試圖在專域知識與「人」的本質之間搭建橋梁，他就已經開始哲學探底的工作。文明的進展，其實就是一次又一次哲學探底的果實。

人對自我的認知，多數時候是潛意識的、不自覺的，自己不見得摸得著，但被逼到兩難或困境的時候，人的最後選擇往往被它制約，難以豁達恢宏。哲學探底，就是通過人與人的辯論，還有自身的內省，將自我認知放到陽光下檢視。在台灣這樣一個紛雜浮躁的地方，對自我及他人的哲學探底格外關鍵，因為倘若台灣人失去哲學探底的能力和勇氣，台灣就將永遠漂浮在半空中，接不了地球的地氣，聯不上世界的人氣。

哲學探底，以人為本。「以人為本」通常有兩種解讀：（一）以完整的人性發揮為本，所謂充分地體現作為人的潛能。然而，這對人這種動物的要求太過苛刻，試想，不過百年的人生加上大環境的壓力，除非跑到山洞裡修行或「大隱於市」，誰有這精力和功夫來達到這境界？（二）不求完美，但突出每個人的個性及特長。然而，率性而為只能在小尺度的人群中實現，例如家庭或朋友圈，一旦進入「社會」這樣一種尺度，探的就不只是個性，還應包括群己之間的互動關係。

因此，在一個吵鬧不休的社會中，「以人為本」應該理解為一種能夠由種種個性、形形色色天然成分中提煉出最大公約數的機制。實現這機制有三個基本條件：自省能力，溝通能力，包容能力。這就像本質上分散的互聯網，必須有跨網的平台規範（protocol）才能成為一個持續運行並成長的大網。

只有不斷用「以人為本」機制探討群己底線的的社會，才會有可持續的主體性，任何其他的「以X為本」的社會，其主體性都是禁不起時間考驗的，例如今日的中國、明日的美國。

美國的開國確實深富「以人為本」的精神，但兩百餘年來演變成「以菁英為本」、「以科技為本」、「以霸權為本」，甚至當下的川普現象——「以白人為本」，因而逐步喪失國格，文明主體性正在快速流失中。

中國的主體性當下正在傳統與現代的掙扎之中。眼前中國社會的「以黨為本」、「以財為本」，無論從國家的角度還是文明的角度，距離可持續的主體性還很遙遠。中國另外還有一個選擇，就是「以道統為本」。這個道統，無論我們同不同意它的內涵，歷史已經證明它的延續性在人類歷史中是最強的。儘管歷經了北方民族的高度混血（魏晉隋唐）和極端雜處（五代十國）、蒙元的強治、滿清的兩百多年統治，這個道統還是不斷地重生。儘管今日史家、知識界對這道統的褒貶不一，它的驚人持續性卻是不爭的事實。這個道統，需要哲學式的探底才能論斷其優劣，或者才能找到和現代文明的接軌處，可惜清末民初的哲學探底工作被戰亂和內鬥中止，再經過六十餘年的主義洗腦，今天中國社會內的哲學探底工作只剩下零星的出沒。中國或許已經找到了國家的主權性，但還沒找到文明的主體性。

台灣方面，今日社會氣氛的主流，則是在完全切斷該道統的前提下，試圖以類西方、學日本的方向重起爐灶。假以時日，這並非一項不可能的任務，但在外在形勢的壓迫下可能無法畢其功於一役，因而只能成為懸在半空中的一件半成品。歷史告訴我們，主體性的哲學探底是一件「百年一滴」的過程，然而，在今天的互聯網科技條件下，哲學探底的三大前提：自省、溝通、包容，在互聯網的訊息對稱特色下，把這「百年一滴」的過程再濃縮為「十年一滴」也並非不可能之事；只是，那需要台灣社會付出一種最痛苦的代價：每個人都意識到哲學探底才是台灣主體性的捷徑。許多人會說，基於台灣政治利益權力結構下的鄙陋，那是不可能的。話雖如此，不斷地重提哲學探底這議題，卻是不能不做的，否則將來史家對台灣的定位就會是「那是一個沒有反省能力而自我造成的歷史遺憾」。

▼台灣問問自己能為世界做什麼

台灣不能天天只想世界能為台灣做什麼，而更該想想台灣能為世界做什麼。簡單一句話：台灣若提不出一套多角度的「後中共專政的中國論述」，台灣對世界的價值就只是暫時性的。

之前我用的名詞是「後中共的中國論述」，但後來感覺表達得不夠精確，因此藉此文修改為「後中共專政的中國論述」。這兩個詞語的意涵差別在於，前者給人一種「中共會消失」、好像二戰後德國納粹消失的感覺，而後者的意涵是「專政會消失，但中共本身不見得會完全消失；即使中共完全消失，但造成中共現象的背後威權文化因子還會留存很長時間」。最好的例子就是蘇共垮台後的俄國，人民生活確實改善，經濟也開放了一些，但情報系統KGB出身的普丁，依舊順勢掌權，打造了實質的終身制及寡頭經濟。

如果上述太抽象，那就具體一些：蘇共解體後，烏克蘭獨立並進入聯合國，但二十六年後普丁還是說打就打，國際社會在各國自身利益下也任由普丁發揮。

現在人們稱為「中國」的那個地方不管國名叫作「中華人民共和國」還是將來的其他名字，有一件事是未來一千年、甚至一萬年都不會改變的，那就是它的地理範圍有將近一千萬平方公里、有至少十四億人口住在上面，而，台灣距離「它」只有兩百公里。

即使我們假設，新疆、西藏、蒙古將來獨立，那麼剩下的陸塊還是有五百萬平方公里，人口依然超過十三億。而，台灣距離「它」還是只有兩百公里。

再極端假設，「中國」分裂為三十塊，三十個國家，但這一大坨陸地的總面積和總人口不會改變，距離台灣還是只有兩百公里。

不管這鄰居的數量是一個還是許多個，對這大陸塊及上面的人民，台灣無論如何都得有相處之道，怎能沒有論述？

大局正在以「一週一個樣」的速度變化中，而當前台灣社會只有「今天的論述」，頂多有少數人具有「明天的論述」，至於「明天之後」的論述，台灣的社會基本上還處於聽天由命的心態。這種社會心理，若被其他類似「地緣侷限」的小國察覺，如以色列、新加坡、瑞士，一定會讓它們為台灣捏一把冷汗或者笑出聲來。

當前的中共政權，固然已經危如累卵，險狀百出，但更令我驚悚的是，距離才兩百公里的鄰居台灣，居然還處於「馬照跑、舞照跳」的歲月靜好氣氛中，好像接下來幾年即將發生在鄰居中國身上的事，只是一件圍觀或看野台戲的事。媒體固然激昂地口沫橫飛，但大多像是第三者在熱議北韓、伊朗其他國家的惡夢。即使有國家安全意識者，對分析美中軍力對比的興趣比起分析敵我對比更為熱烈。

這種神奇的「以第三者角度旁觀自己處境」的功夫，真是令人歎為觀止。台灣社會的處變不驚，我感覺來自兩種社會集體假設：（一）台灣的地緣地位是美國核心利益的一部分，而美共之間實力懸殊，美國必保台灣；（二）台灣對比中國具有絕對性的制度優勢（雖然我對台灣體制也有諸多批評，但這對比我同意），優勝劣敗乃最終的必然。

這兩種假設都有結實的事實基礎，我個人也認為大致不差。但是，若只基於這兩種假設就處變不驚，那就是極端危險的。理由兩個：其一，這兩個假設，都假設了美國會像重視美國公民生死一樣地重視台灣公民的生死；換成白話文就是：究竟台灣必須先證明自己敢死傷多少人（X），美國（及相關國家）才會願意為台灣死傷多少人（Y）？

這X值和Y值之間的比例為何？

其二，這兩個假設，都假設了「地緣優勢」及「制度優勢」就足以說服盟國。而我認為，所有「盟國」，包括美國、澳洲等「五眼」和日本，沒有一個國家會僅僅因為台灣的地緣和制度就保全台灣到底，想想上文所舉的烏克蘭例子就知道了。

台灣對世界的終極價值，在於台灣與「後中共專政的中國」之間關係所蘊含的意義。而，那需要一套論述。而，台灣目前鮮有人認識到「後中共專政的中國論述」對台灣長久安全的意義。

不客氣地說，台灣目前就像是一個沉浸在自己小圈圈內的小老百姓，只會「拜佛求福」，而說不出來自己可以給佛什麼。台灣如果不知道盟友要什麼，憑什麼祈福盟友替台灣擋子彈而且一直擋下去？其實，佛已經托夢給台灣了，他們要的是一套「後中共專政的中國論述」，因為以台灣獨特的歷史經驗最有條件提出。台灣，趕緊跟上腳步吧！

▼揪出方塊字，文化圈中的那隻幽靈

台灣能夠為世界、為人類文明做出的最大貢獻之一，或許就是抓出那隻依舊主宰著「漢字使用者」一言一行的幽靈。幽靈一詞甚有意思，稱之為靈，因為它是人們認知範式、情緒模式之源，況之以幽，因為其藏身本領高強，能夠不見天日地在一個文化中運作千年而不墜。

這裡試圖抓出這樣的一個文化幽靈；文短難以窮其理，識者請勿以學術究之，年輕讀者或可以用「抓寶可夢」來類比這樣一種試圖。捕捉這隻文化幽靈，可以轉化為對一個疑問的探討：同屬方塊字使用圈的台灣和中國，有沒有一種文化病理學的共同因子，足以解釋當下那種一團漿糊、公婆互鬥但皆成理的政治亂象？

先得對「漢字文化圈」下個定義：不論種族、血緣、口語的差異，凡是以漢文字為主要閱讀、溝通媒介，並且通過以漢字文本吸收他人經驗的人群所建構的文化圈子。歷史上，今天的日本、韓國、南洋局部，都或強或弱地落在漢字文化圈內，但隨著其脫離漢文字、發展出自有的書寫系統，日本、韓國都已經距離漢字文化圈越來越遠。今天的中國，無疑是漢字文化圈幅員最廣大的國度，並且在大力打擊境內非漢文字的傳承系統，如維吾爾文、藏文等。台灣幅員雖小，卻是個奇妙的地方，它的口語結構因為地緣歷史而駁雜，南島語、河洛語、客語、中原各地口語、日語乃至英語共處一堂，然而其閱讀書寫媒介卻合於一尊——漢字。

因此，儘管今日台灣的種族、血緣構成複雜度，可能遠遠超過東亞的其他地區，然而卻因為漢字，與中國大陸之間形成了一個切不斷的紐帶。文字紐帶代表了經驗、價值觀、認知結構、情緒模式之間的傳承，正如即使是「美國文學」也得用「英文」來寫作，「美國教育」也得用英文進行，所有採用英文字的國家如紐西蘭、澳洲皆然。

文字圈帶來的文化同質、甚至同構，乃人類文明演化的常態。然而，字母拼音文字系統下的「以音領字」，和漢字系統下的「以字框音」的根本差別，卻帶來了截然不同的文明命運。拼音文字具有分支的活力，差不多的一套字母，可以隨時隨地演化出多種

9 我寧可將「漢字」稱為「方塊字」，因為「漢字」或「漢文」夾帶的種族概念太強。為了讀者的習慣，有時會二者混用，但為了精準表達，有時會堅持用「方塊字」，否則問題談不清楚。

文字書寫系統，因而可以承載經驗的創新、容許異族的存在。相反地，固化為方塊字、演化極慢的漢字，卻受不了「文以載道」的強項誘惑，成為框限義理、阻礙經驗創新、拒絕分支的絕佳工具。

這，就是漢字文化內的幽靈。這隻幽靈，具有強大的力場像磁場一樣，總能在種族、血緣交雜之後，不同社會的秩序、價值觀衝撞之後，把各種異態削足適履地定於一尊。從歷史經驗看，這隻幽靈成就了今日泛稱的中華文化，儒釋道、經史、詩詞、小說戲曲均融於一體，但是同樣的一隻幽靈，也是不敵近代拼音文字圈的快速演化創新力道的重要原因。

這隻幽靈，對漢字文化圈的政治現象，有著深遠的影響。前述，漢字文化有定於一尊、抗拒分支的特性，表現在政治上便是集體主義、專制主義的大一統傾向。歷史證明，雖然是異族，只要吸納融入了漢字書寫系統，便不由自主地進入這種傾向的軌道，此時，最為理想的就是郡縣制度，而非分封或邦聯制度。但是這也要看異族融入漢字書寫系統的程度而定，如蒙古王朝並未深入漢字書寫系統，因此整個帝國還保持分封狀態，而滿族大清帝國在徹底接納漢字文化的同時還保持了滿字書寫系統，而且包容同為拼音文字的蒙文，因而成就了滿蒙邦聯共同統治漢人的大結構。

滿清帝國因專制集權的固化、無法與時俱進，不敵西方拼音文字文化的快速演化力道而垮台，其治下漢人喊出了「共和」的概念，其實質便是想要擺脫漢字文化中的那隻幽靈，試圖以「存同求異」的價值觀重建一個新的政治體。然而，那隻幽靈的氣場太強大，以至於任何反專制、反集體主義的異端苗頭，幾乎是剛冒出就被擊倒。

鏡頭拉到當下台灣，所有「去中國化」的論述，都在漢字傳統下進行，所有轉型正義的過程中也不乏集體主義和專制的影子。記得史學家林毓生曾表述過這樣的觀察：五四運動中反傳統的人，採用的手段卻經常是傳統的。力圖更新文明的台灣，必須警覺那隻幽靈的存在啊。

二、後中共一黨專政的中國

前言：二〇二〇年八月，有人提出「首戰即終戰」來警告台灣；次日，我在臉書貼出一張圖，十個字：「首戰即獨立！終戰即共亡！」。有人問我，「共亡」是什麼意思？共產黨滅亡，還是共產黨和台灣共同滅亡？我回答說，兩種理解都可以，反正兩者有一個重疊部分：共產黨會因對台開戰而結束其一黨專政。

此外必須說明的是，我不敢掠美，「首戰即獨立」一語並不是我發明的，而是當年藍營執政時，我問某在位高層人士，如果中共武力攻台，台灣該做什麼？這位人士毫不思索、一秒鐘都未遲疑地說：那就立刻宣布獨立呀！

共產黨的一黨專政會因對台開戰而消亡！中共不可能不知道其中道理，至少其黨內某些人、某些派系是知道的。然而，本書之前章節也曾有一段話：賭場裡有一種人，只相信自己，只要他認為他的勝算超過百分之五十，他就會把下個月家裡的吃飯錢推到牌桌上，這叫作「極權的任性」。

一個「後一黨專政」的中國會長什麼樣？會像後蘇聯的俄國？還是會像後大清的中國？最終是邁向邦聯式的「統多」還是乾脆分為幾塊、幾十塊？無論其結果如何，中共一黨專政的結束，將是一個過程。決定這過程的長短及起伏，主體是中國的平民，雖然台灣可以助其一臂之力。

▼給中南海的最後告誡

這是一篇從世界和平角度看台灣地位的文章。或許中南海七十年來，即使在最內部、最私密的談話中，都從來沒從世界的角度檢視過台灣的角色。如果連毛澤東、鄧小平、江澤民、習近平都從未想到台灣可能有今天這樣一種撬動中共生死的角色，那麼聽命於他們的小圈子的人就更不可能了。

即使如此，這篇文章還是得寫，因為偌大的中華人民共和國中，總有一些對世界大勢具有現實感知的人，他們也許不在當前的權力最核心，但是有朝一日當他們在歷史的機遇下成為核心人物時，他們就會需要一個聞所未聞的另類解決方案。總而言之一句話：中南海對台灣地位的思考，遲早需要開一個天大的腦洞，如果自己不開，世界就會強迫它開。

之所以稱為「最後告誡」，因為當下還有機會，事態一閃即過，過了這村恐怕就沒這店了。

這個大腦洞，必須先談大勢，再聚焦於台灣。大勢可以濃縮簡述如下：人類整個文明，正處於數千年來未有的範式轉移（Paradigm Shift），比起這次，過去什麼工業革命、資本主義、列寧馬克思主義……，凡是你說得出來的人類秩序型態，五十年之後、甚至僅僅二十年之後，都只會是歷史陳跡。

中南海，或者說中國共產黨，今天腦海中的「持續一黨專政」、「中國GDP世界第一」、「稱霸天下」，「統一中國」，即使一時實現了，也不過是建築在浮沙上的城堡，浪頭一來，地基就消失了。別誤會了，同樣的話，應用在美國身上也一樣，這裡談的是整體人類的事，美國也在內。但是，歐美容許談論、思考這個大勢，而在中國不允許思考這件事，因而危險是在中國這一方、時間不在中國這一邊。一旦範式顛覆了，首當其衝的就是金字塔權力結構體的中國。雖然到時各國都會輸，但是，先輸者為寇，後輸者為王。

導致範式顛覆的大趨勢，至少包括以下三方面：

（一）人類秩序的「集權中心化」與「分權去中心化」之爭；

（二）全球主義與國家自主之爭；

（三）始自一六四八年的「西伐利亞絕對主權體制」，與「後西伐利亞相對主權思維」之爭；

地球秩序的範式顛覆，其實早已進行了好一陣子。美國的聯邦分權體制，就是對古老歐洲的絕對主權的反彈式創新；歐盟的二十七國跨主權體制，也是對絕對主權概念的反省。二戰後跨國企業的興起，乃至於國際金融的打通、航空航海公法的制定、會計原則的趨同，全都指向一件事：任何死抱著「絕對主權」意識形態面對世界的國家，都是違反歷史潮流的（何況一個單單用「自古以來」一句話就能違反公約的單一政黨）。

二〇二〇美國大選中的亂象，告訴人類的訊息是：連美國這樣一個聯邦分權體制，其傳統的分權機制都已經跟不上新世代對「權力去中心化」的要求了。歐盟的內部不協調，透露的也是盟內國家對「權力去中心化」的還不適應。

近年來各國新世代對「全球主義」（Globalism）的反彈，不滿的並不是跨國的現象本身，反而是對「以跨國之名、行集權之實」的企業或機構之憎惡。想想看，為什麼麥當勞、星巴克、宜家家居等等具有「在地」性質的跨國企業並未引起所在國的憂心，而如臉書、微軟、谷歌這樣的跨國企業卻會普遍引起各國的擔憂呢？難道不是因為它們的「數據集權」本質嗎？再進一步說，同樣是科技跨國巨頭的蘋果公司，為何能憑著一招「保障數據隱私權」就行遍天下而未遭敵意呢？

以上現象和案例，都點明了人類下一波文明的鐵律：凡是堅持「集權」和「中心化」的國家、機構、文化，都是在自取滅亡。而「絕對主權」正是集其大成、樣板中之樣板。

中南海，正在對號入座！如果不是「絕對主權」的概念作祟，北京會在整個南海地區遭到如許的抵制嗎？如果不是「自古以來」的可笑說詞，台灣在國際上的獨立地位會日益高漲嗎？如果不是「絕對集權」的毛病，今天需要花上遠超過軍費的社會維穩成本嗎？如果沒有「集權統治技術輸出」之意圖，華為這家公司會被歸類為軍工企業嗎？

早在二〇一五年，我就在《與習近平聊聊台灣和中國》這本書中，警示過中南海，若想要解套，唯一之道就是順應人類潮流、放下「絕對主權」這個概念，從世界和平角度接受台灣的中性化（Neutralization）國際地位，然後一切其他才可能海闊天空。

六年來，一連串的「絕對主權」作為，從南海到香港，從全黨一言堂到全民管理新疆化，從戰狼外交到武嚇台灣，在在顯示中南海打算一條道走到黑。中國共產黨九千八百萬黨員，竟無一人是男兒？中南海避免「慈禧時刻」、改弦易轍的機會窗口僅餘兩年，勿謂言之不預也。

▼告中華人民共和國平民書

親愛的中國平民，值此歷史時刻，祝願你們十四億人，如同台灣的兩千三百五十萬人一樣，都能多元相處、全家平安。我們之間，雖然相互的遊客和訪客都不少，但至今存在許多隔閡和誤解，希望藉著這個機會，能夠縮短鴻溝，增進互諒互解。人類歷史上，沒有解不開的結，我們雙邊，也到了該解結的時候了。

台灣土地上，的確有一些人，出於情感和事實上血緣的聯繫，願意稱呼你們為同胞，但是也有不少人，對「同胞」這兩個方塊字是無感的，因為台灣是個典型的多元種族混種國家，源自南島語系，四百年來混合了葡原（住民）、荷（蘭）原、西（班牙）原、漢原、日（本）原、日漢、百（越）漢等等數不清的混種，近幾十年來還加入了大量的越南、菲律賓、印尼血統。這兩千三百五十萬人，當然都有同胞，但他們的同胞是輻射整個亞太區域的。

當然，由於人類地緣文化上的規律，台灣的這些人，和隔海的中華人民共和國人民之間，確實存在著不同程度的同質性，例如，我們之間都用筷子，都使用方塊字，中秋端午都會慶祝。另外，台灣許多人也拜中國沿海的媽祖、中原的關公，土地公廟更是無處不見，全中國的佛道，只要叫得出名字，台灣都有。在這方面，比較遺憾的是，台灣由於歷史原因，沒能像日本國捕捉並保存了西亞諸多塞外民族共同建立的唐代文化元素。

但你我之間的異質性是更值得注意的。其實用一句最簡單的話，就能點出最大的差異所在，那就是：中華人民共和國致力於追求「統一性」，而台灣致力於追求「統多性」。「統一」所追求的就是消滅多元，而「統多」所追求的是多元並存。用比方來說，「統一」就像某家人年復一年的每天餐桌上只有同一道菜，而「統多」就像某家人每天都要換著花樣吃菜。你說，這兩家人能夠住在只有一個廚房的同一個屋頂底下嗎？

台灣人非常希望，你們也能嘗試一下「統多」下的生活，這樣我們雙方就有共同邁向未來的基礎了，畢竟「統一」和「統多」是走不到一塊去的。比如說，台灣儘管有豐富的漢文化節日，但是台灣還有原住民節日、基督教節日和南亞穆斯林節日。再如，儘管台灣種族、文化多元且交混、社會意見紛爭，但是我們用「定期選舉」、「連署公投」這個機制來達到和平統多，警察是用來保障人身和財產的，不是用來統一維穩的。

而在中華人民共和國，採用的制度是鬥爭得權後的指定指派，政治是用來統一意見的，公安是用來統一維穩的。

當然，我們充分明白「一國X制」的先進文明之處，但事實上台灣在這精神下比中華人民共和國實施得強多了；中華人民共和國的「X」是「兩」，而台灣的「X」老早就是「多」了。台灣在多元背景下，自己老早就邁向「一國多制」了。

台灣社會也能體會「中國人不打中國人」的有條件善意，真的。只是台灣社會在這方面又更先進一些；台灣人會說「人不打人」，而不會用帶條件的「XX人不打XX人」。因為「XX人不打XX人」在語意上是很難自圓其說的，例如，新疆維吾爾人是不是中國人？打維吾爾人是不是反證了維吾爾人不是中國人？電視上有一個鏡頭，一位維吾爾人拿著他的中華人民共和國公民身分證說：為什麼打我，我不是中國人嗎？

我同意，我們之間一定要有共識，共識雖然不是萬能的，但沒有共識是萬萬不能的。這個共識，就是制度的共識，就是「統一不如統多」的共識，就是「定期選舉比隨權指派優越」的共識。一句話說盡，就是要有對人性的共識。

有了對人性的共識，具備了對制度的共識，不要說僅僅隔著海峽，就算是隔著大洋，也能夠互感親切。沒有這兩個共識，咫尺也天涯。

▼中國人必須走出次文明受害心態

中國受霾災之害，人民逆來順受。成都人民戴著口罩坐在大街，是抗議也是自嘲，警察驅趕他們，甚至把「帶頭者」抓入警局，人群也不過就罵罵咧咧地散去，回到家中上網罵街，然後帖子被刪了，一部分人繼續貼、繼續罵，就像魯迅筆下的阿Q：豬把人給欺負了，哪一天看老子推翻豬。次日，同樣戲碼再上演一次。

馬雲發表了一場演說，說終於中國公平了，最高領導人和普通人一樣呼吸一樣的霧霾。網上炸開了，說連馬雲這樣的社會大人物都發聲了，中國人要奮起了。阿里巴巴說要把杭州發展成世界上的平台經濟中心；但當全球G20大會在杭州舉辦，舉辦期間杭州市成了一個鬼域，居民發錢到外地旅遊，超市菜刀不准賣了，沿街居民樓的窗戶被封死了，整個浙江省的飯店賓館每一樓層都配上公安武警，外賓進房門得由樓層公安武警代為刷卡進入自己的房間。這樣的陣仗，杭州會成為國際商業中心？恐怕只有魯迅筆下的阿Q才會相信。

這裡要說的是，中國人你怎麼啦？換到西方任何一個國家，甚至那些邊緣國家，如果人民抗議霧霾都會被抓，群眾老早就衝入政府大樓翻桌砸櫃了，而中國人卻甘於只做電子阿Q，膽子大的網上罵罵政府，膽子小的就罵罵美國，最好的就翻牆罵罵台灣。日子就這樣過了，等到夏天霾清了就馬照跑、舞照跳，錢照貪、人照欺，下一次冬季霧霾就同樣戲碼再演一次。

有人說這是服從性，有人說這是奴性，這都說了一百年了，其實再說沒意思，人家魯迅一百年前就已經把問題說完了。但為什麼中國人一百年來沒什麼進步？讀了博士、留了洋也沒什麼進步？怪共產黨？怪國民黨？怪慈禧老太太？若你耐煩聽，我可以幫你一直怪到秦始皇、韓非子、孔子、老子，甚至印度的佛陀，你信不信？關鍵問題還是你自己究竟是不是一個人？你要活到幾歲才自己對自己負責。中國人，你究竟還是人不是？

要怪就怪你自己，要問就問你自己，你自己內心深處的自我形象。我可以很肯定地告訴你，如果你可以忍受抗議霧霾就被懷疑是對政府不滿，接受政府強迫你到外地旅遊以保留城市形象給洋人，奧運時因為唱歌的小女孩有暴牙而只用她的聲音換上另外一張面孔假唱，為了綠化政績而把整座山漆成綠色，改裝烏克蘭一艘舊航母就自稱進入航母大國，集中力量賺錢而看不到農村赤貧戶、城市農民工和環境代價，像阿Q一樣打著趙大爺名號被戳穿就轉身看不起其他人，那麼，你的根本問題就在於你自己都在逃避的內心深處形象，那種自己覺得自己還不配做文明人的「不配感」，兜裡揣著（無數窮人供養出來的、往往得來不正的）鈔票，享受著別人因為你的鈔票而裝出來滿足你的自卑感的動作。如果你能忍受這一切還能過日子，那麼你一定有自我形象的問題。

少數的中國人不是這樣，如果連這樣少數的中國人都不存在，中國也不會有那些曾經燦爛過的文明。但如果你是那少數的人，想來你也一樣地為多數的中國人感到悲哀。

這裡和多數的中國人做一個簡單的算數。中國現在有十四億人口，百分之一就是一千四百萬人。一千四百萬，知道那是什麼概念嗎？這個地球上有一百七十個國家的人口少於一千四百萬。也就是說，中國身高最高的一千四百萬人站出來，到了這一百七十個國家面前就是巨人國，中國最有錢的一千四百萬人站出來，在一百七十個國家面前就是巨富國，最美的一千四百萬中國人站出來，就是俊男美女國。最文明有禮的一千四百萬人，在一百七十個國家眼中就是文明大國。是的，在這樣的標準下，中國已經在世界上崛起。

但是，銅板有兩面。中國身高最矮的一千四百萬人站出來，在同樣的一百七十個國家面前就是個小矮人國，最窮的一千四百萬人擺出來，那一百七十個國家的人民看了眼淚都會掉下來，長相最難看的一千四百萬人放在台上，那一百七十個國家的國民瞬間變成了俊男美女。最粗俗無禮的一千四百萬人，就會讓一百七十個國家判定中國是個落後村落。

知道這意思了嗎？大，是中國的長處，但同時也是中國的短處。中國不能只看到自己的長處，而閉眼不看自己的短處。別忘了，連阿Q都有很多長處。每當中國要向世界證明自己已經崛起的時候，就拿出自己的長處——總量GDP第二名來俾倪世界，但忘記了自己的人均GDP是全球第七十六名。在比中國強的前七十五名當中，中國人記得的國家不超過五個。大清時期還沒有GDP的觀念和統計，康熙王朝如果當時知道自己的GDP占到地球的將近一半的話，大清恐怕亡得更快。

中華人民共和國是否已經崛起？YES！如果從GDP總量和戰機、坦克、飛彈的總量來看的話。但是，NO！從人均GDP、六億人口每月生活費低於一千人民幣、和文明素質來看的話。從哪個角度下結論，是每個中國人的自由。結論都是自己下的，決定都是自己做的，願賭服輸就好。

怕的，就是願賭不服輸；只要願賭服輸，東山倒了都可以再起，若願賭不服輸，金山銀山都會被耗空。中國近代，有兩個願賭不服輸的案例，一個是中國人耳熟能詳的魯迅筆下的阿Q，另一個就是再往前的義和團。

中國人沒志氣嗎？中國人生來就不敢集體抗爭防霾嗎？當然也不是。固然魯迅筆下有阿Q，但老舍筆下也有駱駝祥子啊。祥子有志氣，不吃虎妞的軟飯，自己靠自己過日子，但在社會體制之下，還是低了頭，做了一個正常的中國人。寫出祥子的老舍，最終也做了一個正常的中國人，最後把自己的身體無聲地投入北京大學未名湖，靈魂留在岸上那雙鞋子上。

突然發出奇想，如果把阿Q放到繞行台灣的遼寧號上當艦長，把駱駝祥子的黃包車和老舍跳湖後留在岸上的那雙鞋子放在遼寧號艦長室，途中遭遇到由聖地牙哥趕來的美國航母「趙家大爺號」，那會是怎樣的一番景象？世界上有幽靈嗎？如果讓一群義和團再生，到台灣台北的一〇一大樓前擂胸跳大舞，又是什麼場面？活了百年的幽靈，比起百年前成熟了一些嗎？

除了次等文明的自我形象，實在很難解釋很多現象。何以這麼一大群人，無能挖掘自己文明中的長處，而偏要彰顯它的短處以證明自己的短處不是短處？何以這個毛病能從七十歲的老頭一直傳承到十七歲的青年？何以連戴口罩防霧霾都會有罪惡感或叛國感？何以……何以……除了內心深處認為自己在地球上就是不配做堂堂正正人的那種次等文明的自我形象，誰還能提供其他的合理解釋嗎？

你說，在次等文明的自我形象下，中國能崛起嗎？我說的是十四億人的崛起，不是百分之一的一千四百萬人的崛起。如果只看那百分之一，全地球的每一個國家都能無愧地稱呼自己已經崛起了。

百分之一的已經崛起的中國人，無論你的百分之一地位是天生具備的還是後天占便宜得來的，你有責任啊！你有責任提醒阿Q們不能再阿Q，你有責任讓駱駝祥子能過上頂天立地的生活，你有責任讓今天的老舍不需要用跳湖來保住靈魂，你有責任讓人們戴上口罩防霾而不必有叛國感！你有責任帶領百分之九十九的中國人擺脫那種次等文明的自我形象。是的，說的就是你，如果你覺得自己在那百分之一內。

面臨「後中共一黨專政時代」的到來，你，中國人不自覺不行了。

▼後中共的區域秩序

有關中國，世界關心的焦點應該轉移了。經過了過去兩年發生在中國內部經濟、政治上的事，加上美國對中共政策的大轉彎，我認為擔心中國擴張的時代已經過去了，現在該擔心的是中共一黨專政鬆動甚至解體之後的區域秩序了！

中國所謂的「改革開放」，可以理解為中國共產黨和人民簽了一個社會契約，內容是「我讓你賺錢，你放棄你的政治權利」，我稱之為「鄧小平約法」。在二〇〇一年中國被容許加入WTO後，中國在「鄧小平約法」下進入了十五年的黃金發展期。江澤民時代和胡錦濤時代，其實只是搭了「鄧小平約法」的便車，並且耗盡了這輛車子的油料。習近平接手的是一趟末班車，中國的生產力已經到了強弩之末，習的團隊也沒有提出一套「新約法」的能力，以至於只能用虛幻的「中國夢」和華而不實、超出實際國力的「一帶一路」概念大餅，試圖支撐越來越虛腫的國體。

中國內部經濟的急速惡化，帶來了一黨專政集權體制下必然的派系鬥爭，國內壓力已經像山一樣大。加上美國這兩年來對中共政策的大轉彎，中共面臨二〇二二年的二十大，事實上只有兩條路可以走：（一）走上法西斯化的民族主義路線；（二）被國內外形勢逼迫，鬆動一黨專政，走向八〇年代後期一度呼聲很高的政治體制改革。

雖然北京還在釋放各種相互矛盾的信號，但是，當前法西斯民族主義路線的力道，明顯大於政治體制改革呼聲的力道。但這種路線之間的模糊性，無論如何拖不過二〇二二年的中共二十大。

如果走上徹底法西斯，那麼中共就是在找死，其結果極可能是解體。如果走上體制改革，中共雖然可以避免解體的命運，但它也就必須放鬆一黨專政，鬆綁中國的政治生態。無論是這兩種場景中的哪一個，都指向一個焦點：中國這個國家將進入「後中共」的時代。

作為周邊國家，日本、台灣，還有韓國，應該就以下幾方面儘快達到共識：（一）「後中共」的中國會出現哪幾種可能的樣式？（二）「後中共」的轉型期，對週邊國家會產生怎樣的經濟和社會衝擊？（三）週邊國家如何和國際達到一種「後中共」的區域治理機制上的共識？

但有一點需要特別提醒：探討以上這三個問題的方式，非常容易「跑偏」！什麼意思呢？就是長久以來，人們在討論中國問題時，都假設「中共等於中國」；當然這是因為七十年來「中國」這個國家都由中共一黨專政所導致的潛意識暗示。這也是為什麼「後中共」這概念一直未被提出的原因。

一旦「中共等於中國、中國等於中共」這個迷思被打破了，其實我們對「中國」這個國家或文化體，可以充滿了想像空間。為了人類的福祉，不但世界需要這個想像空間，中國人民也需要這個想像空間。把話再往下說到底，連中共本身，都需要這樣一個想像空間作為下台階。

我並不期待「後中共時代」會自然發生，但我相信它一定會被迫發生，而且發生的過程一定帶來極大的動盪。我們越早啟動對於「後中共時代」的探討，就越能減少過程中的動盪。

但第一步，就是開始說服我們自己，還有中國人民，「中共不等於中國」！

結語

本書截稿於二〇二一年五月初，接下來發生的事大家都知道了，台灣疫情爆發，因而出版日期延後了一個月。然就在這短短一個月內，發生的大小怪異事，小自偷渡客神奇的皮筏度過台灣海峽、中國中遠海運香港子公司OOCL（東方海外）貨櫃船離奇擦撞高雄港，大至疫情爆發於台北萬華老區、疫情爆發後出現猶如當年的「找馬辦不如找台辦」的統戰方向，經驗和直覺告訴我：中共對台灣的總體戰啟動了，在台的各種預置人馬都已接到明示或暗示了。

然而如同本書中多次強調的，當下中共對台灣的所有動作，無論是武力性質還是統戰性質的，都屬於「項莊舞劍、意在沛公」——美國。打擊台獨只是藉口，它真正怕的是台灣被永久納入美日安保體系。台灣是被迫選邊的，台灣的原罪就是其地理戰略位置，懷璧其罪。

因此，對台啟動總體戰，就是對美啟動總體戰的前奏曲。習近平的急於求成加上川普的赤裸裸不買帳，對峙四年後催生出了「中共就是美國利益最大敵人」的美國兩黨共識，即使川普由於國內政情而選舉失利，但拜登卻繞不開上述的兩黨共識，概括承受了川普的對共政策。

其實更宏觀地來看，把中共視為人類文明最大敵人的力量，乃整個西方數百年來追求「世界政府」的跨國整合勢力，「美國」不過是檯面上的代表（或代理）罷了。弔詭的是，稱這股古老勢力為「沼澤地」的川普，一方面倒逼出中共也想競爭「世界政府」的野心真相，另一方面卻也因想「清乾沼澤地」而下台。上一個天真如川普的美國總統叫作甘迺迪。

我在過去十年的八本書中，不時地指出，未來地球的權力格局將是「西伐利亞主權體系」與「後西伐利亞跨主權體系」的競爭，並在此框架下提出了台灣的自處之道。經過了這十年的演變，這框架或許也可稱為「中心化」與「去中心化」格局的競爭；當下大家所看到的種種異像，如金融上的去中心化虛擬貨幣（如比特幣）與央行主權數位貨幣之抗爭，如政治上的融合主義與極端民族主義之對峙，如人口上的對移民包容及排斥，無一不是這種「範式鬥爭」（Paradigm Struggle）的症候。但這或許是下一本書的議題了。

鏡頭拉回台灣。在此未來格局下，台灣僅僅著眼於陳舊的「西伐利亞主權體系」下的主權獨立，意識上實在太狹隘了。我常說，台灣面積不大不小，人口不多不少，其尺寸恰好可將自己打造為一個未來地球格局中的資優生、甚至領頭羊。中共的極權民族主義，勢必在這地球上失敗，後中共的中國往哪個方向去，台灣其實可以作為一個指南針和幹細胞。

但現實就是現實，中共在失敗之前以台灣為陪葬品，乃一血淋淋的可能。這也是我寫這本書的目的之一：台灣必須正視戰爭的可能，即使是被迫的。無論戰爭是否發生，從歷史的長河來看，我對台灣的世界角色是樂觀的。

戰爭是殘酷的，但不正視戰爭的後果是更殘酷的。是否正視戰爭，台灣人其實只需要問自己一個問題：我是否能接受自己及家人在中共的極權民族主義下生活？其他任何高大尚的辯論，在我看來，抱歉了，都是ＢＳ（Bull Shit）。

另一個台灣人必須正視的問題是：後中共的中國往哪兒走？不要以為這問題與你無關，未來一千年那個現在被稱為「中國」的大陸塊，都只距離台灣一百多公里，居住在上面的人口，再怎麼減少都不會少於十億。

台派的人渴求台灣獨立，我認為很合理，只是要提醒在上述的未來地球格局下，不要陷入舊有「西伐利亞主權體系」下的狹隘觀念，眼光要放長一點、格局要放大一點。對於親中派，我也可以理解，只是要提醒注意，「親中」與「親共」是兩回事，一個是血緣上、鄉情上、文化上的親切，另一個是價值的扭曲甚至是政治的無恥。

其實，若能夠跳脫情緒，不再「舊情綿綿、舊恨綿綿」，台派與親中派是可以有最大公約數的，那就是台派可以以寬廣的視角追求獨立，而親中派可以戰略性地「以獨謀合」。中華民國派在道路上就更簡單了（雖然在實務上是最複雜的），那就是立下宏圖，以中華民國的身分，前往後中共的中國打拚競爭，保證所有的台灣人都會豎起大拇指誇讚你的勇氣與執著。

最後，說一句有些人不愛聽的話。「酸」和「怨」於事無補，讓我們每個人都成為解決方案的一部分，不要讓自己成為問題的一部分。

范疇　台灣／台北

二〇二一年六月四日

（此日期真的是恰巧，請勿對號入座）

附錄一、我們有能力抵抗嗎？[10]

◎導讀

世界第二次大戰時，瑞士一直都是中立國家，沒有參戰，沒有被侵略，雖然周圍都是戰區、雖然不光是德國，義大利也曾經考慮是否應該侵略瑞士，但幸虧這個小國家到最後倖免於難了。原因是什麼？戰後有一些記者與研究者聲稱，鄰國沒有侵略瑞士是因為瑞士政府跟德國與義大利達成妥協，保持經濟關係，甚至從中獲利，但是這個說法有點太簡單了。實際上，雖然瑞士跟鄰國維持了關係，但一直都保持了一定的距離，同時也沒有打斷與同盟國（德國與義大利的敵國）之間的關係。另外，一個很重要的因素是瑞士軍隊的堅決性。

當時作為瑞士軍隊的總司令亨利・吉桑（Henri Guisan）覺得，來自鄰國的威脅很大，他當然知道德國的軍隊非常強，萬一希特勒真的決定要用武力侵犯瑞士，反抗一定會很艱苦，但是，一九四〇年八月一日他還是用以下的演講，呼籲全國人民團結起來，勇敢捍衛家園。吉桑用法語在全國廣播電台發表演說，之後另有人用德語與義大利語重複一次同樣的內容。所以可以說，該演說有三種原文，我們以德文為翻譯文本。

當然，我們知道台灣與瑞士的歷史與當時的情況大不同，但我們還是覺得該演說對台灣人非常有意思，可能會讓台灣人有些領悟。當時瑞士與現在台灣情況的最大不同點是，德國所引起的戰爭並非針對瑞士，但台灣的敵國卻正好瞄準小寶島。危險更大，堅決也應該更大。

◎演講全文譯稿

一二九一年八月一日、一九四〇年八月一日：這兩個日子，今日，如同當年，分別成為我們歷史中的界定時代的標記，也分別面對「時代的惡意」。

數日前，我們國家軍隊的指揮將士們聚集在魯特里草場上[11]。六百五十支部隊的士官長與他們的長官（指吉桑本人）面對面，他們來自各年齡層、各軍銜層、分屬不同宗教信仰、職業別、語言族群，但是全體弟兄同屬一心：報效國家……

他們身後碧藍的湖面上飄揚著一面瑞士邦聯旗，一面象徵著我國獨立的旗幟。這旗幟原來是烏里軍營的營旗，有四位來自瑞士的四個古州的士兵陪伴它[12]，而六百五十年之前，這四位士兵的先祖曾在同一片土地上，立下至今都還將我們綁在一起的誓約。

10 瑞士是中立國，世界第二次大戰時，雖然周圍都是戰區，但瑞士沒有被侵略，一個很重要的因素是瑞士軍隊的堅決性。當時瑞士內部充滿了各種悲觀論調，面對敵人隨時可能入侵，聯邦議會於一九三九年八月二十八日通過一項議案，決定選出一個在一旦發生戰爭時，能帶領瑞士人進行總體抵抗的陸軍總司令。被選出的將軍是亨利．吉桑（Henri Guisan），他於一九四〇年八月一日發表了重要演說〈我們有能力抵抗嗎？〉呼籲全國人民團結起來、勇敢捍衛家園。德國台學家蔣永學（Thilo Diefenbach），日前請洪文真（台學家、居德文字工作者）翻譯了亨利．吉桑〔Henri Guisan〕這場決定瑞士國運的演講，並撰寫導讀。

11 按照瑞士人的傳說，魯特里草場（Rütliwiese）一二九一年是瑞士起步建國的地方。吉桑這裡指的跟長官們的聚會是一九四〇年七月二十五日進行的。

12 烏里州是瑞士三個古州之一。

這片河山呼喚著我們的心靈與神魂。就是從腳下這一塊土地，升起了一聲美妙的吶喊：這是團結起來的先祖們的聲音，要為我們鋪平往前的路。

家園的士兵啊！在今天，在邦聯建立滿六百五十年的這天，我迫切地想對你們之中的每一個人說話。

首先感謝神吧！因祂在這幾百年間保護著我們。

在今天，在我們正在慶祝的這個紀念日子裡，你們身上還荷著槍，或隨時準備要再度提槍上戰場。戰爭還沒有結束，而休戰並非等於和平[13]。我們的年輕人在國境邊、在山上站崗；年老一些的，則已重拾舊業，為確保我們每日糧食無虞。你們的每一個人，不管站在哪個崗位上，都在捍衛著家園。

站在要跨進這關鍵性一年的門檻上，我要你們記住：要以瑞士人思考、要以瑞士人作為。

以瑞士人思考，這是說：愛我們美麗的土地、對我們自己忠誠、也對傳承交予我們的自由、以及對多元但同心的人民忠誠。

以瑞士人作為，這是說：為自己的國家做出貢獻、見鄰人就要待之以人、對待陌生人時也要尊重他所信仰的、要比以往任何時候都要更加落實團結美德及社會正義，要推崇傳承給我們的工藝水準。

維持瑞士人的身分，是唯一能夠保住自我認同的途徑；也只有這樣，我們才能夠拯救我們的獨立性。

許多人近期聽聞從前線傳回來的第一手戰況描述時，感到震驚不已，於是自問道：我們到底有沒有能力抵抗？

作為一個瑞士人，更甚者，作為一個士兵，根本不該問出如此自輕的問題。這個問題所展示的，是對己身力量的認知不足，是對我們的武器認知不足，也是對我們的國土認知不足，因為我們國內高山環繞，給予我們無可比擬的天險以捍衛我們的家園。

千古傳誦的戰役「摩卡登血戰」是一個很好的例子，我前幾天對你們的長官們這麼說過，現在，我要再次說給你們士兵們聽[14]。

13 吉桑這裡指的是，法國雖然被打敗了，但是德國還是會繼續跟英國打戰。

14 摩卡登血戰（Schlacht am Morgarten）是一三一五年的戰鬥，是第一次年輕的瑞士捍衛自己，成功的戰敗了哈布斯堡王朝（Habsburg）的軍隊。

只有一個堅決抵抗、並且也知道如何抵抗的人，才會贏得敬重。你們每一個人，都會透過你們的態度及你們的堅定，去影響、改變你們的周遭。

而我們保衛戰的力道，也因此有加乘效果。可以說，只要我們一表示自己的弱點，對方就會趁機利用它，可如果真是如此，那麼我們只要強調我們的優點，我們就會宣告著我方會以不可撼動的意志頑強捍衛自己。

當三個古州的自由人在哥達山（Gotthard）加入舊瑞士邦聯的時候，他們在盟書中立誓道：我們彼此幫助、相商、互惠，奉上我們的身軀及所有，彼此不離不棄；並將反抗所有及每一個擾亂、傷害盟友的，或意圖興戈不利於他們的身軀及所有物的勢力。

今天，就像當時一樣，我們忠於所立下的誓約，我們要往前走，並要完成這個任務：我們要保衛阿爾卑斯山（Alpen）的出入口。我們抵死捍衛直至最後一人！

動員的第一日，我們也曾立誓，說我們直到死亡都會保衛我們的旗幟及我們的家園。士兵們，同袍們，我們不會背離這誓言！我們在這個八月一日重新立誓，而我們祈禱，這個誓言，永遠不滅！

Taiwan. And the New Taiwan Consensus should be articulated to the rest of the world, no vagueness, no grey area and unambiguously.

For any surveyor or politician who still has doubts about this New Taiwan Consensus, he or she can just conduct new surveys with questions suggested as above. And, I myself am convinced, in a not-so-distant future, all democratic countries on the planet would issue national policies based on guidelines similar to the New Taiwan Consensus, for the goodness of their respective countries.

So, Hey, Taiwan! Why not put a thrust on this Taiwan Consensus to the world by publicizing it unambiguously and show some political leadership, just for once?

Green (DPP) or Blue(KMT)? Are you pro-independent or Pro-unification?

This kind of self-confined or self-censored surveys leave other nations the impression that Taiwan is a split society, Green or Blue, Independence or unification etc.

It's such a foolish thing to do for Taiwan itself misleading outsiders into deeming Taiwan as a split country. There is absolutely no split should the right questions be asked in the surveys. For example, had the question been changed from "Are you pro-independence or anti-independence" into "Are you pro-communism or anti-communism"，then the result would have been a clear-cut 98% or even 99.5% towards "anti".

Now, try this further question: "Are you anti-Chinese Communist Party, or anti-Chinese common people", my guess is the former gets at least 80% and the latter gets 20% at most.

The third question: "Would you be willing to live under the Communist Rule"? That would guarantee a resounding NO answer of 99.9%.

This is exactly how the New Taiwan Consensus looks like – the true common denominator among a seemingly divided

million members and that accounts for only 7% of the 1.4 billion Chinese people living on that landmass.

Simple math would tell the truth. In any nation, when 7% of the population politically controls 100% of the population, it would be an impossibility unless by brutal violence or total brain coercion.

Therefore, considering the Chinese civilians are victims themselves, people from other parts of the world should not act in a knee-jerk way towards the ordinary, victimized Chinese Civilians as if they are born evil. Either under a proper mindset or the practicality associated with geopolitics, Taiwanese society should and is starting to understand this point. "Anti-" is an attitude reserved for CCP and not intrinsically for the ordinary and mostly victimized civilians.

Putting together the above three Elements, thus there is the New Taiwan Consensus. What's falling behind and dragging Taiwan's feet, are the ballot-hungry politicians and the various outdated polling agencies. They do so many so-called popular surveys every year, sometimes monthly. And they stick to the long invalid way of setting up their survey questions: Are you favoring me begin.

1. Opposing Communism – Taiwan is not that much against liberal socialism. In fact, there is a rather obvious strain of it already existing in its social life. However, Taiwan would not tolerate socialism when carried away to the extent of communism, and would take it as enemy. Period. Chinese Communist Party (CCP) on the other end of the Strait falls into this category.

2. De-Unification – Not only do the older generations realize that the jingling of "unification" of the CCP is just a bogus slogan for upholding its regime's control over the brain-washed civilians, the young generation of Taiwan simply finds the slogan ridiculous. Therefore, rather than using the term "anti-Unification" as people used to do in the past, I think "De-Unification" – the unshackling of the very idea of unification, as one can relate with the word "de-clutter"- is a better suited term.

3. Neutralness towards Chinese Civilians – In the past three years, people in Taiwan including myself, as well as the international community, have debunked the long-existed myth that CCP Is China. No, far from it. CCP is NOT equivalent to China, let alone the Chinese people. CCP is a huge party of 98

附錄二、台灣最大公約數：反共去統不反中（英文版）

The True Common Denominator of Taiwan

I sensed a New Taiwan Consensus is forming and near completion, although many are still not fully aware of it, some at the psychological stage of ignoring it and some even in total denial.

This New Consensus can be summarized in one expression with three parallel elements: opposing communism, de-unification and neutralness toward Chinese civilians. These three elements constitute an organic whole with a common theme that simply says, people who took Taiwan as their home deemed themselves as one distinct entity.

I understand some elaboration may be needed to allow the three elements to be fully appreciated, especially the third one. Let

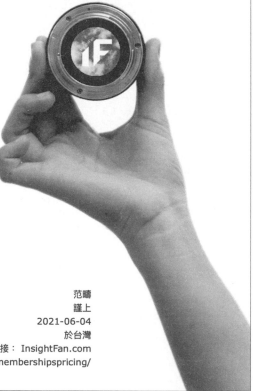

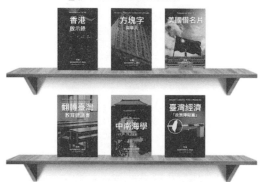

被迫一戰，台灣準備好了嗎？

台海戰爭的政治分析

作者　范疇

主編　洪源鴻

責任編輯　賴英錡、穆通安

行銷總監　蔡慧華

封面設計　許紘維

排版　宸遠彩藝

出版　八旗文化／遠足文化事業股份有限公司

發行　遠足文化事業股份有限公司（讀書共和國出版集團）

地址　新北市新店區民權路 108-2 號 9 樓

電話　〇二～二二一八～一四一七

傳真　〇二～二二一八～八〇五七

客服專線　〇八〇〇～二二一～〇二九

信箱　gusa0601@gmail.com

臉書　facebook.com/gusapublishing

部落格　gusapublishing.blogspot.com

法律顧問　華洋法律事務所／蘇文生律師

印刷　成陽彩色印刷有限公司

出版日期　二〇二一年〇八月（初版首刷）
二〇二三年十一月（初版六刷）

定價　四五〇元整

ISBN　9789860763287（平裝）
9789860763294（EPUB）
9789860763270（PDF）

被迫一戰，台灣準備好了嗎？：
台海戰爭的政治分析
范疇著／一版／新北市／八旗文化出版
遠足文化發行／2021.08
面；　公分
ISBN 978-986-0763-28-7（平裝）

一、兩岸關係　二、臺灣政治

573.09
110010993